SELEÇÃO NATURAL

OTAVIO FRIAS FILHO

SELEÇÃO NATURAL

Ensaios de cultura e política

PubliFolha

© 2009 Publifolha – Divisão de Publicações da Empresa Folha da Manhã S.A.

Todos os direitos reservados. Nenhuma parte desta publicação pode ser reproduzida, arquivada ou transmitida de nenhuma forma ou por nenhum meio sem a permissão expressa e por escrito da Publifolha – Divisão de Publicações da Empresa Folha da Manhã S.A.

Editor
Arthur Nestrovski

Coordenação editorial
Camila Saraiva

Assistente editorial
Nina Bandeira

Coordenação de produção gráfica
Soraia Pauli Scarpa

Assistente de produção gráfica
Mariana Metidieri

Capa e projeto gráfico
Paula Astiz

Editoração eletrônica
Laura Lotufo / Paula Astiz Design

Imagem da capa
M.C. Escher's "Moebius Strip II" © 2009 The M.C. Escher Company-Holland.
Todos os direitos reservados. www.mcescher.com

Revisão
Luciana Lima e Maria Sylvia Corrêa

Índice
Cacá Mattos

Dados Internacionais de Catalogação na Publicação (CIP)
(Câmara Brasileira do Livro, SP, Brasil)

Frias Filho, Otavio
 Seleção Natural: ensaios de cultura e política / Otavio
Frias Filho. – São Paulo : Publifolha, 2009.

ISBN 978-85-7914-077-8

1. Cultura 2. Ensaios brasileiros 3. Política I. Título.

09-04229 CDD-869.94

Índices para catálogo sistemático:
1. Ensaios : Literatura brasileira 869.94

A grafia deste livro segue as regras do **Novo Acordo Ortográfico da Língua Portuguesa**.

PUBLIFOLHA

Divisão de Publicações do Grupo Folha
Al. Barão de Limeira, 401, 6º andar
CEP 01202-900, São Paulo, SP
Tel.: (11) 3224-2186/2187/2197
www.publifolha.com.br

O fim do futuro	07
Tudo que a gente não esquece	13
Peggy Sue e o eterno presente	18
Napoléon, de Abel Gance	30
A Guerra do Vietnã no cinema	36
"Angústia da influência", poesia e teatro	49
Ed Wood no planeta Kane	63
O Don Juan de Truffaut	67
Diana, princesa da mídia	71
Rememórias de Emília	75
Introdução à história sentimental do tucanato	86
Ilíada entre leigos	91
Contra a censura prévia	98
Resumo do crítico	101
Tudo é Hamlet	107
Dostoiévski concentrado	111
Heiner Müller, trópicos em ruínas	116
Nelson Rodrigues, sublime e abjeto	128
Visões do exílio	136
Tocqueville, conservador visionário	143
A fantástica fábrica do capitalismo	148
Todos os homens do presidente	152
Orwell, uma resenha imaginária	161
A descendência de Darwin	164
Apêndice: duas cartas	189
Carta aberta ao sr. presidente da República	190
Carta a d. Manuel Parrado Carral	194
Posfácio	197
Marcelo Coelho	
Índice de nomes e obras	211
Agradecimentos	221
Sobre o autor	223

O FIM DO FUTURO

Esvaziado daquilo que lhe dá um ritmo familiar aos nossos olhos, um ritmo que compreendemos ou pelo menos reconhecemos, o corpo é assaltado por um frenesi de automatismos, de repelões, de frêmitos. É uma inteligência nervosa, antes oculta, que se convulsiona ali e se mostra tão ininteligível para nós, que estamos enclausurados no mundo da consciência, quanto seria o cérebro do réptil se pudéssemos examinar o seu "pensamento", se fosse antes possível destacá-lo da origem do nosso próprio cérebro.

Essa oposição entre humanidade e automatismo domina *Alien* (1979), o segundo filme de Ridley Scott, e dá a chave tanto para o desfecho da história (retomada no pastiche *Aliens*, de James Cameron, e na série de filmes que se sucederam), quanto para a passagem que mais atemoriza os espectadores suscetíveis. O embrião de uma criatura extraterrestre (*alien*, alienígena) foi inseminado no copiloto Kane sem que ele e seus companheiros de viagem soubessem. Os tripulantes estão comendo, antes de se recongelarem para a longa viagem de volta à Terra, quando Kane é acometido do que parece uma crise epiléptica. Os outros seguram seus braços e pernas, colocam uma colher em sua boca. De repente, numa convulsão mais forte, seu tórax se transforma numa mancha vermelha. Uma nova arremetida, e o alienígena nasce, coberto de sangue, do peito da vítima. Ele parece então um bebê-serpente com mandíbulas caninas, mas vai crescer e mudar de aspecto algumas vezes, conforme o filme se estende numa perseguição infrutífera pelos escaninhos da nave – um cargueiro gigantesco que transporta minérios – e a tripulação se reduz à oficial Ripley (Sigourney Weaver), a astronauta heroína da história.

Segundo o cientista de bordo Ash, o alienígena é um animal perfeito, capaz de se adaptar a qualquer ambiente e destruir toda ameaça pelo caminho. Em metamorfoses sucessivas, a cobra sanguínea do começo vai adquirindo um aspecto mais áspero, mais opaco, mais metálico, até que percebemos num dos seus ataques fulminantes que a mandíbula se projeta como uma grade sobre trilhos engraxados e que a criatura inteira está a meio caminho entre o réptil e a máquina.

Reencontramos aí o problema que tem servido como linha de força da ficção científica desde a sua origem e que atrela o gênero à tradição romântica. A ganância do progresso técnico levará o homem à ruína e quem vai consumá-la serão os próprios produtos do progresso, como o computador HAL em *2001*, de Stanley Kubrick, ou a civilização das máquinas em *O Exterminador do Futuro*, do já mencionado Cameron. A matriz aí continua sendo a relação entre o dr. Victor Frankenstein e sua criatura, da novela de Mary Shelley (1797-1851), escritora inglesa precursora do gênero.

O conflito entre a natureza e os produtos da cultura técnica está na raiz do ponto de vista romântico,' da sua busca de um reencontro do homem com o seu passado pré-industrial – da consciência, com o passado pessoal dos seus sentimentos. A ficção científica reivindica com pleno direito a incompatibilidade que existe entre o espírito romântico e a sociabilidade moderna. No mesmo passo em que a tradição do romantismo se volta contra a maquinaria social, a desse gênero literário menor ganha espessura conforme aquela sociabilidade se enterra por trás dos equipamentos que desenvolveu, e as relações entre os homens se mediatizam cada vez mais pelos produtos da ciência, as máquinas.

O antagonismo entre humano e automático se reproduz, no filme, em outros planos concomitantes. Ao descobrir que Ash vinha fazendo o jogo do alienígena para levá-lo à Terra, os tripulantes matam o cientista e acontece que ele é feito de esponjas e tubos plásticos, seu sangue, uma espécie de óleo leitoso. Ash não é humano, mas um autômato escalado na última hora para fazer parte da tripulação. Havia sido programado para trabalhar na verdadeira missão do Nostromo (nome do cargueiro, tirado do navio que dá título a um romance de Joseph Conrad).

Na volta para a Terra, a nave seria desviada pelo computador de bordo a fim de atender a um sinal inteligente de rádio. Sem saber que o sinal não é um SOS, como pensam, mas um alerta de perigo, os tripulantes de fato descem ao planeta onde encontram os destroços de uma nave espacial – que emite o alerta – e os restos fossilizados dos seres que a tripulavam. Lá, Kane é atacado por um animal semelhante a uma lagosta que se cola no seu capacete. Assim é feita a inseminação do *alien*, e ele é introduzido no Nostromo, que retoma a viagem para casa. O objetivo dessa operação secreta, a ser realizada ainda que pela perda da tripulação do cargueiro, é verificar se o estudo científico do alienígena poderia ter aplicações militares.

Em lugar da paixão pelo poder que dá origem, na época do capitalismo dos aventureiros, à desgraça de um empreendedor solitário como o dr. Frankenstein, é a mecânica impessoal do lucro que está na base do enredo em *Alien* e que permanece incólume enquanto sacrifica suas vítimas humanas. Visto sob esse aspecto, o alienígena surge como reflexo de outra máquina selvagem, a empresa proprietária do Nostromo, com sua eficiência inexorável como a dele.

Antes de morrer e deixar a tripulação com um monstro à solta pela nave, Ash diz aos humanos que apesar de tudo sua simpatia está com eles. O cientista do Nostromo é um protótipo mecânico dos "replicantes" que aparecem no filme seguinte de Ridley Scott, *Blade Runner* (1982). Na Los Angeles do ano 2019, a polícia persegue androides construídos pela engenharia genética e usados como mão de obra escrava. Depois de um grupo de replicantes ter encetado um motim numa colônia instalada em outro planeta, sua presença fora declarada ilegal na Terra, sob pena de morte. Deckard (Harrison Ford), ex-caçador de androides – *blade runner*, o que vive no fio da navalha, na gíria policial que dá nome ao filme – é chantageado pelo chefe de polícia para aceitar um caso difícil: replicantes da série mais recente – Nexus 6 – haviam sequestrado uma nave e descido em Los Angeles, onde tentaram invadir a Tyrell Corporation, fabricante de androides. Um deles morreu eletrocutado, os outros fugiram.

Ao contrário de Ash, porém, os replicantes são orgânicos, obra não da engenharia mecânica, mas da genética, de carne e osso ainda que produzidos artificialmente. Baleada por Deckard, a replicante Pris se esvai em sangue e convulsões violentas que obedecem a uma frequência de tipo elétrico. Somos levados a pensar em Erasmus Darwin, avô do naturalista famoso e autor de uma teoria segundo a qual a eletricidade é o conteúdo da vida, teoria que andou em voga na juventude de Mary Shelley. É uma concepção espasmódica da morte que torna semelhantes os estertores de um ser humano como Kane, mecânico como Ash, intermediário entre eles como Pris e os outros replicantes, como se houvesse uma atividade primitiva e puramente nervosa, compartilhada por essas formas diferentes de vida, recolhida e idêntica sob as conformações mais variadas.

Pelo fio condutor dessa ideia acontece uma dissolução silenciosa daquela dualidade que marca a tradição clássica da ficção científica. Os antagonismos do pensamento romântico começam a se confundir no fundo da obra de ficção científica, ao passo que na superfície a sua forma se conserva impávida. É que a ficção científica da nossa época não interpela homens ameaçados pelas consequências do desenvolvimento científico, mas já completamente subjugados por elas; não faz sentido profetizar a analogia entre o automatismo social e o mecânico agora que eles estão se fundindo materialmente e que a ideia de homem não se opõe mais à de máquina, porque a própria sociedade se torna automática e os homens, autômatos.

Enfraquecida pela constituição cambiante de androides mecânicos e genéticos, a oposição entre humano e automático é novamente abalada quando se examina a presença de animais na ficção científica de Ridley Scott, como o gato da oficial Ripley que acompanha toda a peripécia dos tripulantes do Nostromo. Em *Blade Runner* há um desfile de animais: o dragão de neon na lanchonete chinesa, a escama de cobra que é a primeira pista de Deckard, o camelo artificial no mercado, a coruja mecânica do dr. Tyrell, os bichos de papel que o assistente de Deckard faz enquanto espera, as pombas no final. O sistema nervoso dos animais, organizado à base de impulsos e reações instintivas, é um modelo de automatismo que o filme utiliza, às vezes explicitamente, como na cena em que o replicante Leon enfia a mão num recipiente congelado e depois a cheira e afasta o rosto, numa atitude tipicamente animal. É como se a ciência, ao criar um organismo que repete o homem sem recorrer à máquina, recaísse nos percalços que enredaram a natureza nas fases anteriores ao aparecimento da forma humana. Os brinquedos de J. F. Sebastian ocupam um lugar equivalente ao dos animais. Espécie de Gepeto do futuro, Sebastian é um engenheiro que constrói as articulações dos replicantes fabricados pela Tyrell e se dedica nas horas vagas a fazer brinquedos que andam, falam e até resmungam. "I make friends" (Eu faço amigos), diz esse solitário num trocadilho amargo. Se os animais aludem a uma humanidade inconclusa, a quem falta acrescentar alguma coisa, os brinquedos avivam, pelo contrário, a ideia de uma humanidade decaída, da qual restou apenas um aspecto, uma casca de gestos congelados sem vida na memória. Não é à toa que, quando Deckard entra na casa de Sebastian, a replicante Pris se disfarça de boneca, imóvel entre os brinquedos.

Visto de fora, o Nostromo parece uma catedral gótica deslizando pelo vácuo. Pela primeira vez o cinema de ficção científica exibe, ao contrário de um mundo brilhante, regular e asséptico, um futuro de lugares imundos, de equipamentos envelhecidos pelo uso, de ambientes chuvosos e noturnos como a Los Angeles de chaminés que soltam fogo ou os subterrâneos do Nostromo, repletos de goteiras e vazamentos de vapor.

Invadido pelo presente, o futuro se mostra como passado. Se o *design* dos dois filmes ostenta uma predileção sintomática pelos formatos anelares, pesados e anacrônicos aos nossos olhos, o funcionamento prático da vida remonta à imaginação futurista das primeiras décadas do século 20: carros que voam, edifícios de mil andares, capacetes espaciais que imitam bolhas de sabão. Naquela época a ficção científica se limita a dilatar os prodígios do momento e expandi-los pelo ar, mar e espaço. A antecipação do futuro não consegue então ir além de um mero prolongamento das aparências do presente, já que as formas da era tecnológica não se podem prever sem o acesso à funcionalidade da engenharia que vai torná-las, mais que propícias, viáveis economicamente.

A cenografia suja de Ridley Scott está relacionada à contaminação visual do Primeiro Mundo pelo Terceiro. Há uma anedota de que a Inglaterra, lugar de origem do cineasta, é hoje um país em vias de subdesenvolvimento. Conserva ao mesmo tempo os vestígios arquitetônicos dos primórdios da indústria, ruínas do que deve ter parecido, aos olhos meigos de Mary Shelley, a alvorada de um mundo novo, admirável e aterrador. A dissolução sugerida pela concepção espasmódica da morte não se deterá diante de nada e seu destino final é a dissolução das próprias dicotomias do tempo na ficção científica, a impossibilidade de qualquer futuro depois que a osmose entre homem e máquina, consumada no amor entre Deckard e a replicante Rachel, criou organismos perfeitos, insuscetíveis de evoluir – tais como o alienígena ou a Tyrell Corporation. A obra de Ridley Scott presta reverência às origens do gênero de onde provém enquanto inverte a lógica que comanda o desenvolvimento desse gênero ao longo do tempo, reunindo o seu próprio começo e fim numa coisa que luta, como o embrião no peito de Kane, para sair da história, para retornar à natureza através da máquina.

Folha de S.Paulo, "Folhetim", 21.11.1986

TUDO QUE A GENTE NÃO ESQUECE

Espalhado no fim de 1987 pela cidade, um *outdoor* da agência W/GGK merece a atenção de uma pequena obra-prima no gênero. A inspiração artística do anúncio já se manifesta na estratégia utilizada em relação ao produto a ser vendido. Não há qualquer sutiã no cartaz, e a categoria a que o produto pertence nem é mencionada nos únicos dizeres: "O primeiro Valisère a gente nunca esquece". O espaço inteiro é tomado pelo rosto perplexo de um garoto sobre fundo neutro, branco. A presença invasiva desse rosto, fixado no laconismo de um instantâneo, permite que sua expressão percorra, dependendo de cada momento em que se olha, toda uma gama de sentimentos ambíguos. Vemos nessa expressão não apenas perplexidade, mas medo, também espanto, uma compreensão súbita e até horror. Ela corresponde a uma atitude facial muito própria das crianças, com sua enorme capacidade para se maravilhar. Atitudes desse tipo costumam enternecer os adultos, talvez por ressaltarem o quanto as crianças estão disponíveis diante do mundo.

    O adulto que vê o *outdoor* compreende num sobressalto o que o menino do cartaz acaba de ver. Não é à toa que ele parece engolir em seco, confrontado com algo de formidável. A ideologia publicitária está plenamente desenvolvida nessa propaganda, de modo tal que o próprio produto nem sequer aparece, e a categoria na qual ele é supostamente o melhor não vale a pena ser lembrada. O ocultamento da fabricação do resultado, procedimento artístico por excelência, glosado no quadro *As Meninas*, de Velázquez, é uma tendência da técnica publicitária que se acentua desde o início, quando o produto em si, às vezes apenas o seu nome, ainda ocupava o lugar mais visível no anúncio. Um tal desenvolvimento responde à necessidade de evitar a rejeição do consumo por efeito de *overselling* e, ao mesmo tempo, acrescentar informações numa cadeia publicitária cada vez mais competitiva e diversificada.

O problema da propaganda é reproduzir as ambiguidades do produto num plano imaginário em que elas pareçam desaparecer. Não estranha que na venda de mercadorias nocivas à saúde, como os cigarros, seja frequente aludir-se ao esporte, à vida ao ar livre etc., ou que o consumo de álcool apareça associado ao prazer de viver, quando o produto evidentemente se destina a mitigar a tristeza de estar vivo. No caso desse *outdoor*, a dificuldade parece ter sido, antes de qualquer outra, estabelecer um meio através do qual a peça íntima ganhasse visibilidade pública. A questão era tanto mais difícil quando se recorda que o sutiã está imantado por um redemoinho de imagens tumultuosas, conflagradas e portanto temíveis de um ponto de vista publicitário. Imagine-se a consequência desastrosa se o rosto do garoto fosse substituído, por exemplo, pelo de um *voyeur*, só que desta vez adulto! Todo esse efeito perigoso, constituído por fetiches e outros elementos que a técnica publicitária dificilmente poderia manter sob controle, troca de sinal na expressão encantadora do garoto. Ele passa naquele momento por uma experiência habitual, comum, doméstica, experiência mais ou menos coletiva que provavelmente ressoa com exatidão, sob formas particulares, na memória de muitos consumidores homens, em resposta ao apelo dos dizeres ("a gente nunca esquece").

Mas essa peça publicitária se dirige antes, naturalmente, ao consumo feminino. E é entre as consumidoras que a estratégia adotada vai surtir suas melhores consequências, multiplicadas ao repercutirem uma contra a outra. Desde logo é claro que, em oposição à nossa hipótese absurda do *voyeur* adulto, essa é uma situação em que nada pode haver de desagradável e, se alguém consegue ver na cena algum embaraço, a sensação rapidamente se dissolve num oceano de calor feminino, maternal. Será dessa maneira, será no fundo com essa mesma expressão de assombro – mais tarde guardada por uma reserva adulta e viril – que o olhar masculino verá para sempre o corpo de uma mulher. A licitude da ocasião indiscreta, vital num lance em que a curva da ideologia publicitária se aproxima perigosamente de um território proibido, aparece reforçada não só pela configuração "ingênua" no rosto do garoto, mas porque aquele momento sugere uma transição a ser vista como das mais recomendáveis. É que no acidente da surpresa fortuita (quem o garoto está vendo: sua mãe, uma vizinha? quando: uma tarde quente em 196...?), morre o desejo infantil para nascer o desejo adulto. Esse momento mágico galvaniza assim, no aconchego moral de uma situação em que bem vistas as coisas "não há nada de mais", uma audiência universal em torno do olhar do garoto, como se todos os homens de todos os lugares e idades vissem simultaneamente através dos seus olhos. Se dermos crédito à ideia de Freud segundo a qual toda curiosidade técnico-científica é curiosidade erótica deslocada pelo fracasso das pesquisas sexuais infantis, a expressão do garoto pode ganhar uma universalidade insuspeitada, para revestir toda uma outra série de valores positivos: descoberta, audácia, espírito de indagação, amor à verdade.

A técnica publicitária sempre se viu diminuída pelo que ela tem de efêmero, e muito da sua incapacidade para dizer alguma verdade se deve certamente ao caráter fugaz do que é dito. Mas eis aqui um anúncio que resolve falar daquilo que "a gente nunca esquece". Que estratagema será esse que parece zombar de si mesmo quando elege a contingência de um rosto congelado por um instante para apregoar a partir dele qualquer coisa de eterno?

O *outdoor* que estamos examinando foi precedido por um comercial de televisão em que a personagem era, em vez do garoto, uma adolescente. Mas postas de lado as naturais diferenças de linguagem entre os dois veículos, a estrutura de ambos os anúncios é a mesma. A menina entra no quarto e vê um presente em cima da cama, o seu primeiro sutiã. Ela se exibe diante do espelho, inspecionando a peça no próprio corpo, numa atmosfera de encantamento primaveril. A caminho da escola, um menino adolescente que passa por ela nota a diferença; ela esconde o torso com a prancheta, anda mais alguns passos e então desiste, com um sorriso, de se ocultar. São notórias as semelhanças de estrutura com a narrativa condensada do *outdoor* e elas culminam nesse abandonar-se da garota à sua condição de sujeito ativo no mercado amoroso, da mesma forma que a expressão arregalada do garoto no cartaz marca a passagem do desejo infantil para o adulto.

O ocultamento do objeto publicitário – no caso, o sutiã – foi capaz de dar origem a essas narrativas, ele está no âmago oculto da estrutura que elas compartilham. Mais do que isso, nesse ocultamento o produto se dissolve na extensão da estratégia empregada, penetrando cada vazio até abarcar a superfície toda conforme elimina o que seria inútil ou arriscado para o sentido que se quer criar. E isso não é pouco quando esses anúncios aspiram a unificar, na contingência dos momentos escolhidos, não somente toda uma história de vida, mas nada menos que a história de todas as vidas.

A propaganda se vê de fato compelida a fugir do contingente, do instantâneo, até por uma razão estritamente material: para que um mínimo de investimento publicitário assegure um máximo de resultado em vendas, é obviamente importante que a exposição seja econômica, ou seja, que à fugacidade da mensagem publicitária corresponda uma retenção duradoura de memória. Sob esse aspecto, a campanha da Valisère emprega um ardil admirável, ainda que não seja novo. Em lugar de instituir memórias no consumidor, ela se limita a ativar uma memória densa, antiga e poderosa, preexistente nele.

As condições nas quais a ideologia se produz em nossa época é que abrem uma possibilidade nova e praticamente ilimitada para o alcance de operações no estilo do efeito Valisère. O que tradicionalmente acontecia é que o mundo das ideias estava sincronizado com o mundo da economia, de modo que qualquer série num dos lados correspondia a outra série no outro. Por isso se dizia que as ideias expressam, ao mesmo tempo que ocultam as coisas. Numa evolução recente, o plano das ideias como que se "desliga" das suas correspondências de origem, conforme a ideologia se transforma ela própria em mercado, e a forma capitalista invade esse último santuário. A mecânica do lucro faz então no continente das ideias o que já fizera nos cinco continentes geográficos. A diferença prática é que as correspondências deixam de obedecer à forma de "séries", e a sincronia já não se processa na maneira usual, quer dizer, num regime em que, dada uma formação ideológica, corresponde a ela uma determinada formação social.

É justamente quando as ideias deixaram de ser "ociosas" que a arte se tornou um passatempo de entendidos. É esse o fenômeno que inspira os sentimentos atuais de simultaneidade, de que já não é mais possível haver história, de que a representação se fez "simulacro" e outras noções do mesmo gênero. A ideologia não "descreve" mais a realidade porque ela mesma passa a ser uma economia, "fala" de igual para igual em face da economia propriamente dita. Tem o mundo à sua frente e se regala com prodígios como refazê-lo na expressão de um rosto, cuja estupefação maravilhada irradia, melhor do que qualquer palavra, o estado de espírito do consumidor.

Folha de S.Paulo, "Folhetim", 8.1.1988

PEGGY SUE E O ETERNO PRESENTE

Já se disse que Kathleen Turner é muito jovem para parecer velha e muito velha para parecer jovem. Tanto ou mais que as suas qualidades de comediante, é essa ambiguidade na fisionomia da atriz que a torna especialmente indicada para o papel-título de *Peggy Sue, Seu Passado a Espera* (*Peggy Sue Got Married*, 1986), do cineasta americano Francis Ford Coppola. O filme estabelece conexões sentimentais entre um passado excessivamente próximo para já ser tão intangível e ao mesmo tempo distante demais para que ainda esteja ao alcance das mãos. Ao explorar o filão do encanto que os anos 1950 exercem sobre a mentalidade atual, Peggy Sue tem o mérito de esclarecer as razões desse encanto e tocar numa das aflições mais características da nossa época.

Esse sentimento incômodo e paradoxal, capaz de se apresentar como melancolia e como ansiedade, registra antes de mais nada o fim de uma imaginação definida pela sequência "passado, presente e futuro" como coisas consecutivas e até reconhecíveis. Claro que o ritmo da vida nos grandes centros é cada vez mais voraz, vertiginoso etc., mas a mudança que *Peggy Sue* consegue expressar é outra – uma mudança não no tempo real, mas na sua percepção, que avança sobre os acontecimentos, passa adiante deles e volta por cima de onde passou.

Veludo Azul (*Blue Velvet*, 1986), de David Lynch, um dos filmes da década de 1980 dedicados à paixão pelos anos 1950, acontece num tempo fictício definido pela catalisação das duas épocas. A mesma fusão ocorre em *O Selvagem da Motocicleta* (*Rumble Fish*, 1983), outro filme de Coppola, e um expediente semelhante, usado embora para amalgamar épocas muito mais diversas, dá a tônica da ficção científica de Ridley Scott. Mas é diferente a direção tomada pelo roteiro em *Peggy Sue*. A contradição da simultaneidade, se podemos resumi-la assim, é neste caso exposta com minúcia, e na trama dos paradoxos entre tempo presente e tempo recente está talvez o maior interesse do filme. Sugiro mais adiante que o caminho de *Peggy Sue* tenha sido aberto por um filme para "crianças de todas as idades": *De Volta Para o Futuro* (*Back to the Future*, 1985), de Robert Zemeckis, um dos discípulos de Steven Spielberg. Mas o assunto de *Peggy Sue* é, pelo contrário, bem adulto.

A personagem de Kathleen Turner é uma mulher que se separou do marido, Charlie, com quem teve dois filhos, já crescidos no momento em que a ação começa. A primeira cena mostra Peggy enquanto se arruma para a festa de 25° aniversário da turma de colégio. Sentada à penteadeira, ela olha para o espelho e se mantém de costas para a televisão ligada, mas pelo reflexo da imagem pode ver o próprio Charlie num comercial, fazendo um papel cômico qualquer. Ele não se transformou em cantor de música pop, como sonhava na época do colégio, quando o casal se conheceu e se apaixonou; em vez disso virou Crazy Charlie, o tipo engraçado da cidade de interior, que cuida da loja de discos do pai e faz pontas em anúncios da televisão local.

Quando chega ao ginásio onde vai acontecer a festa, a protagonista percebe que entendera mal as instruções do convite – só ela veio vestida como no dia da formatura. Está com o mesmo traje prateado que usou 25 anos antes, na festa em que foi eleita a rainha da turma (Charlie foi o rei). A filha procura encorajá-la quando elas encontram, na entrada do ginásio, um casal de amigos que as cumprimenta com inveja e ironia: "Vocês parecem aquele comercial de televisão – qual das duas é a mãe? Qual das duas é a filha?"

Na festa, Peggy é submetida a uma escalada de emoções que se articulam profundamente na memória. As paredes do ginásio estão cheias de fotos ampliadas do álbum de formatura, e os fotógrafos da festa convidam os antigos alunos a posar na mesma atitude em que aparecem nos pôsteres. Os flagrantes atuais resultam em caricaturas das imagens do passado, como formas que a ação dos anos desnudou e fez decair até atingirem o fundo da sua verdade material. Logo que chega à sua mesa – é um jantar dançante – Peggy é reconhecida por Richard Norvick, o melhor aluno da classe, que deixou a cidade e se tornou um cientista-magnata no ramo da informática. Desprezado no tempo do colégio, Norvick é agora a presença mais prestigiosa da reunião. Ele a chama para dançar, e enquanto estão na pista ela vê que o ex-marido chega, saudado aos gritos de "Crazy Charlie!". O locutor anuncia então uma surpresa. A comissão organizadora escolheu, como 25 anos atrás, um rei e uma rainha. O novo rei é Norvick, que parece condescendente ao subir até o palco para receber uma coroa de papelão dourado, mas não resiste à tentação de fulminar, com uma tirada de QI, o gracejo que alguém berra contra ele no salão. Sua superioridade está provada nos fatos da vida, ele agora hesita entre um ressentimento que permanece intacto e uma oportunidade de vingança que perdeu o sabor por se apresentar tão tardia. Quando se revela que a rainha é Peggy, ela parece tão abalada que não terá condições de se dirigir ao palco, mas ainda assim cambaleia entre palmas até o microfone. Chorando, sua última visão é a do bolo com 25 velinhas, que vem sendo empurrado desde o fundo do salão, enquanto a amiga Maddy bate as mãos numa cadência lenta e regular, que serve de senha hipnótica para a alteração do estado de consciência prestes a ocorrer. Peggy perde os sentidos e cai, vítima de um choque cardíaco.

Neste ponto o cinema realiza um dos seus transportes extraordinários. Peggy acorda do desmaio numa atmosfera ao mesmo tempo insólita e real, deitada na cama de um ambulatório onde acaba de desfalecer depois de doar sangue. Em volta dela aparecem aquela mesma Maddy e outra amiga, além de Charlie, todos vestidos como estudantes. Estão na enfermaria do colégio, e a câmera mostra na parede uma grande faixa que diz "Campanha de Doação de Sangue – 1960". Para o espectador e para ela própria, Peggy é a mesma de 1985, mas todos os personagens agora a veem como a Peggy do seu tempo, 25 anos antes.

Atônita, incapaz de reação, a moça é dispensada das aulas e levada para casa. Cada detalhe que ela revive, num dia de 1960 novamente atual, resplandece iluminado pela experiência retrospectiva da memória: a volta ao lar de adolescente, o reencontro com a mãe, com o pai, com a voz da avó no telefone.

Sobe até seu quarto e passeia entre relíquias perdidas para sempre e que retornam não de um passado distante, mas de um minuto atrás, como o disco que ainda descansa no prato da vitrola. Nessa cena a câmera descreve um movimento de espiral, acentuando a vertigem do turbilhão de sentimentos que varre as lembranças da personagem para comprimi-las num único momento. É então que Peggy adivinha os passos da irmã no corredor, se atira sobre ela, abraça-a e declara em lágrimas, numa penitência: "tenho demais relacionamentos não resolvidos na vida" – deixando que o espectador imagine o que de irremediável terá transcorrido entre elas desde aquela época, a julgar pelos remorsos ardentes que fazem da volta ao passado, mais que uma oportunidade, uma dádiva.

Mas nem tudo é melancolia. A heroína imagina que tem a vida novamente diante do nariz, se embriaga com o uísque do pai e diz que vai a Liverpool descobrir os Beatles. Ela parece sobretudo disposta a evitar o que considera o grande erro de sua vida, ter-se casado com Charlie. Na festa de 1985 havia uma cena em que Peggy, olhando junto com as amigas para um pôster de Michael Fitzsimmons, o galã *beatnik* da classe, dizia que ele era o único com quem ela teria ido para a cama no colégio – "*besides Charlie*", além do Charlie. Pois agora, em 1960 pela segunda vez, ela vai aproveitar cada instante como se ele fosse fresco e eterno, vai entregar-se a Fitzsimmons e procurar Richard Norvick, o recluso primeiro da classe, para que explique se ela morreu ou se é possível viajar pelo tempo. Norvick de fato tem uma teoria a respeito, baseada naturalmente nas revelações de Einstein. Na sua concepção o tempo é como um *burrito*, a tortilha mexicana cuja aba se enrola até formar um círculo. "E o que tem dentro?", pergunta Peggy. "Você pode pôr dentro o que quiser: memórias, experiências, trigonometria".

Peggy realiza a sua fantasia com Fitzsimmons e dá a Norvick as dicas tecnológicas que um dia o farão rico e famoso – um dos paradoxos que a teoria do *burrito* implica. Quase no fim do filme, Norvick lança um desafio: "mude o seu destino, Peggy Sue, e case comigo". Ela responde com o título original da fita: "não é possível – Peggy Sue se casou, caso encerrado". Numa última tentativa de fugir do assédio de Charlie, na véspera da noite em que ela engravidou dos gêmeos, Peggy se esconde na casa dos avós no campo. Mas Charlie a sequestra no meio da reunião do clube esotérico para onde o avô a levara a fim de tentar remetê--la de volta para o futuro, e numa estufa de flores, debaixo da chuva, o casal cumpre o destino já ocorrido: Peggy perde os sentidos mais uma vez e acorda num hospital em 1985.

Como o leitor já terá percebido, a personagem-título é uma espécie de Bela Adormecida e *Peggy Sue Got Married*, um conto de fadas para adultos. Temos de abrir parênteses para uma especulação sociológica: a de que a televisão e o vídeo fixaram o público adulto na conveniência do filme visto em casa, deixando que o centro de gravidade do cinema recaísse sobre o público infanto-juvenil, menos sedentário, mais mobilizável. Essa tendência estaria na base do cinema "para crianças de todas as idades", que consagrou Steven Spielberg e seus epígonos, e do qual *Peggy Sue* é uma variante adulta.

Tanto na ida para o passado como na volta para o futuro, o ponto de passagem entre os dois tempos é um desfalecimento. À semelhança da narrativa de contos infantis, o desmaio serve de porta entre mundos diferentes, entre a consciência e algum outro mundo onde se entrelaçam sonho, memória e fantasia. Um tempo diferente passa a vigorar quando a princesa espeta o dedo na roca e desmaia, em *A Bela Adormecida*; a vertigem de Alice ao cair no buraco da árvore que a leva até o País das Maravilhas e a de Dorothy carregada pelo tornado em *O Mágico de Oz* (*The Wizard of Oz*, 1939) correspondem à mesma ideia de perda dos sentidos como passaporte para um outro mundo.

Peggy Sue começa e termina com cenas de espelho. É conhecida a fantasmagoria de que existe outro mundo acontecendo do lado de lá do reflexo. A segunda aventura de Alice se chama justamente *Através do Espelho*: como em *Alice no País das Maravilhas*, a pequena heroína é lançada num lugar feito das várias formas de irrealidade que a consciência é capaz de perceber. Do outro lado do espelho se agita um mundo que acontece identicamente ao nosso, mas que permanece fora do tempo por força da sua imaterialidade – às vezes uma imaterialidade lógica, como nos paradoxos de linguagem que Lewis Carroll cultivou. Em *Peggy Sue* esse outro mundo é o passado. Como diz Norvick, "você pode pôr dentro o que quiser": ele está vivo, em pleno acontecimento, só que no vazio da nossa consciência – seu modo de existir é dar à luz o próprio fenômeno da consciência.

A analogia entre *Peggy Sue* e o andamento dos contos de fadas é mais que ocasional. Como Alice e Dorothy, se Peggy é conduzida pelas peripécias de um enredo que está fora do seu controle, nem por isso lhe escapa o seu predomínio em relação às situações que se sucedem e que consiste em ela existir ao passo que suas fantasias não passam precisamente disso, fantasias. Alice acorda do sonho quando realiza essa superioridade sobre os guardas da rainha, meras cartas de baralho. Dorothy também, quando descobre que o Mágico de Oz é um cientista, humano como ela, e Peggy quando o ato sexual a devolve – como o beijo em *A Bela Adormecida* – à sua condição material de mulher adulta e mãe. Mas, se focalizarmos o ponto de vista da simultaneidade, o conto de fadas a examinar não é nenhum desses mencionados até aqui, mas sim a aventura do menino que se recusava ao decorrer do tempo, do menino que não quis crescer: Peter Pan.

Na história original do escocês James Matthew Barrie, publicada em 1911, Peter é atraído até a janela de Wendy por outra história, a de Cinderela, que a mãe conta às crianças. Ele vem outras vezes à casa dos Darling para terminar de ouvi-la, mas numa dessas ocasiões Nana, o cachorro-babá, arranca a sua sombra enquanto ele escapa. É quando volta para recuperá-la que Wendy, Michael e John aprendem a voar e partem com ele até a Terra do Nunca. Esta é uma ilha fora do tempo, onde piratas guerreiam apaches e uma fada nasce cada vez que uma criança sorri – e morre cada vez que alguma diz que não acredita em fadas. Lá, Wendy é convidada por Peter a ser sua mãe e de seus amigos.

Essa aspiração parece ser prioridade máxima na ilha, pois o arqui-inimigo de Peter, Capitão Gancho, desejoso também de uma mãe, sequestra Wendy e os meninos para fazê-los andar na tábua do navio pirata. "Ouça, meu amor" – diz Gancho para Wendy, "eu a salvarei se você prometer ser minha mãe". Peter aparece na última hora e depois de uma batalha no tombadilho empurra o Capitão direto para as mandíbulas do crocodilo – o mesmo que certa vez arrancara seu braço, daí o nome Gancho. Passada a aventura, Wendy resolve voltar com os irmãos para casa, apesar da insistência de Peter. Muito tempo depois, quando Wendy já é uma mulher, Peter vem visitá-la e a uma pergunta sobre o antigo inimigo responde simplesmente: "Quem é o Capitão Gancho?". O próprio autor explica a amnésia do herói: "Ele não tinha o menor senso de tempo".

Na Terra do Nunca o tempo aparece não apenas interrompido, suspenso – crianças não crescem nem se recordam após um trauma fundamental, a perda da mãe –, mas também embaralhado: Cinderela, piratas, fadas e apaches só podem conviver na imaginação infantil moderna, e a ilha de Peter nada mais é do que um depósito atulhado com as crenças que a civilização do pragmatismo extirpou até mesmo da vida das crianças. Peter Pan é uma espécie de supermito para crianças construído a partir de elementos que são, isoladamente, ciclos mitológicos completos. Se a característica externa da sua reunião é a simultaneidade, a característica interna de cada um é a circularidade. Os *westerns* e as histórias de piratas são maquinismos fechados em si próprios que funcionam de acordo com uma estrutura de repetição.

O filme *Piratas* (*Pirates*, 1986), de Roman Polanski, que se propõe a parodiar a infinidade de roteiros desse gênero levados à tela e reduzir suas variantes a um mesmo enredo, ilustra isso claramente. O pirata interpretado por Walter Matthau põe as mãos no tesouro e o perde vezes seguidas, como sua perna de madeira, que é refeita sucessivamente durante o filme. Servindo como marujo num galeão espanhol, ele convence o carpinteiro de bordo a refazer a perna que perdera numa abordagem recente e o remunera com o anel de estimação que teria sido herança de família. Nas reviravoltas do filme, agora como comandante de navio pirata, ele reencontra esse carpinteiro e toma-lhe o anel de volta. Mas o capitão de Polanski termina exatamente como começou, perdido numa balsa, após ter naufragado, no meio do Caribe. As histórias de piratas são sempre as mesmas e não têm começo nem fim.

Barrie provavelmente não conhecia a psicanálise, ao menos quando concebeu *Peter Pan*. A história apareceu pela primeira vez em 1904, como peça infantil. Antes, numa novela adulta publicada em 1902 – *The Little White Bird* –, já havia um menino que se recusara a crescer. Por essa época Barrie andava às voltas com as crianças de certa família Davy, para quem inventava histórias – o que nos faz lembrar a paixão por crianças do reverendo Charles Dodgson, ou seja, Lewis Carroll. De toda forma, as alusões à sexualidade infantil são assíduas na história de Peter Pan e, ao contrário do que acontece nas fábulas do criador de Alice, ostensivas. Quase se pode dizer que no caso de Barrie a história não alcança seu propósito literário porque o problema de que ela trata, esclarecido pelo saber científico da época, se eriça sob a superfície da trama e perturba a toda hora o seu andamento, irrompendo sem disfarce.

No primeiro parágrafo do livro ficamos sabendo que, quando Wendy tinha dois anos e arrancou uma flor do jardim para levá-la a sua mãe, a sra. Darling agradeceu dizendo: "Quem me dera você fosse assim para sempre!". Porque todas as crianças crescem, com a exceção de Peter. Ele se recusou à vida adulta e até conhecer Wendy se recusava à própria ideia de ter uma mãe, isto é, de ter de compartilhá-la. Sabemos qual é a natureza do seu receio, e ela aparece com todas as letras na figura imponente e ameaçadora, implicitamente paterna, do Capitão Gancho. Na Terra do Nunca os meninos pretendem viver com Wendy o verdadeiro paraíso, o lugar onde há uma mãe e nenhum pai. O perigo que Gancho representa tem um fundamento culposo: o fato de ele ter perdido o braço por artimanha de Peter parece sugerir uma castração às avessas, o que mais uma vez corresponde ao figurino psicanalítico. A Terra do Nunca é o lugar do desejo, que se realiza fora do tempo não somente porque a fantasia é a sua forma de expressão, como também porque é da natureza do desejo ser invariável, constante, repetitivo e adaptável a qualquer "enredo".

"Peggy, não tente crescer tão depressa", diz a mãe numa cena do filme, sem saber que fala em 1960 com a filha de 1985. Mas nada indica que Peggy tenha se recusado a crescer ou crescido depressa demais. A origem do desmaio que a transportou indica que a ruptura foi no passo entre Peggy e seus sentimentos, entre ela e o tempo, já que o sentimento é a propriedade que acrescentou, ao instinto, a capacidade de se prolongar na ausência do estímulo. Ao contrário de Peter Pan, não é Peggy Sue quem se recusa ao passar do tempo, mas é o tempo que se recusa a passar para ela. A gota d'água do desfalecimento foi a visão do bolo de aniversário, sinal do tempo decorrido. A consciência do passar do tempo está viva para a protagonista, só que a essa consciência não corresponde uma experiência. É por isso que a personagem tem de viver duas vezes a mesma coisa. Mas o repassar do tempo continua impermeável à experiência, e ela voltaria da aventura por sua Terra do Nunca de mãos vazias não fosse pela redescoberta de um fio – os filhos – que unifica as duas existências vividas e lhe mostra um laço mais profundo, ao menos mais permanente, em nome do qual ela se submete à inevitabilidade do que já aconteceu.

O que propicia tanto o problema como a solução do filme é a sensação de que as experiências são hoje perfeitamente manipuláveis, objetos disponíveis para qualquer tipo de permutação, mas na forma ilusória de imagens – não mais como coisas vividas. O mundo imaginário se tornou mercadoria, as representações circulam com o desembaraço da moeda; temos um conhecimento apenas abstrato, imaterial, indireto, substitutivo daquilo que em outros tempos teria se confundido com a nossa própria vida. O sentimento viaja então pelo tempo à procura de algo que perdeu, a experiência, um pouco como esses *blue jeans* que já saem da fábrica confeccionados de modo a parecerem velhos. O que *Peggy Sue* lamenta ver perdido e procura restituir é o sentimento de um tempo capaz de sucessão, apto a entrar novamente em funcionamento. Por isso toda a sequência com os avós no campo é edificante: ambos se mostram serenos perante a morte que se avizinha, pois para eles o tempo efetivamente aconteceu, e a única coisa que o avô consegue dizer, quando perguntado pela neta sobre arrependimento, é que deveria ter tratado melhor dos dentes.

A ideia de um mergulho no passado permite ainda recuperar a existência sob o aspecto de uma vantagem dupla: viver ao mesmo tempo em que não se vive, assistir-se a si próprio em ação, participar do mundo sem sofrer mais qualquer consequência dele. Esse é afinal de contas o tipo de sentimento que a obra de arte é capaz de inspirar, sendo nele que *Peggy Sue* consegue ultrapassar a sua característica de filme meramente comercial. Cada época tem a sua própria forma de pacto entre real e imaginário. O da nossa é o pacto realizado pelo cinema americano, e dentro dele, por Coppola e *Peggy Sue*. Mais de um movimento compõe esse resultado. Existe uma crise de verossimilhança que se reflete na necessidade de as personagens, situações etc. serem mais verdadeiras e ao mesmo tempo mais modelares, quanto mais coladas à sua contingência mais paradigmáticas, quanto mais particularmente banais mais "românticas". O prosaico se eleva à categoria de exemplar por causa de sua posição estatística, mais do que por uma verdade que lhe seja intrínseca. As soluções híbridas adotadas pela cinematografia que estamos examinando, empenhada em condensar num mesmo invólucro formas extraídas de repertórios os mais diversos, são determinadas pela presença de um público insaciável por proezas de verossimilhança porque sua sensibilidade foi adestrada na superfície de vários repertórios, o que lhe permitiu erguer, a contragosto, o véu de todas as convenções da ilusão artística. A índole desse público é necessariamente comparativa e só pode ser atendida por meio de justaposições – a paródia, a citação, a homenagem, o pastiche, o plágio.

Peggy Sue devolve a ilusão de se pertencer a algum lugar e a alguma época. Aquilo que a indústria cultural expropriou – a possibilidade de cada um se ver inscrito numa determinada sucessão de acontecimentos, numa história pessoal, familiar, nacional – é devolvido sob a forma de reminiscência, de um rastro que é possível percorrer quantas vezes se queira, mas que não pôde ser vivido nenhuma vez. Não por acaso, a fixação é nos anos 1950, época frenética de ineditismos, momento de aceleração máxima da percepção, como a última imagem que retemos de um carrossel de circo antes de as cores e contornos se desfazerem numa mancha indistinta. Se por alguma razão cabe ao cinema reivindicar o estatuto da obra de arte, é que ele realiza como nenhum outro meio, de modo automático, essa magia através da qual alcançamos a clarividência de imergir no fluxo luminoso da vida e conservar ao mesmo tempo uma intuição geral, clara e superior, desse fluxo, como se pudéssemos nos colocar simultaneamente dentro e fora dele.

É possível que a capacidade de criar esse tipo de clarividência seja tão grande no cinema que o desenvolvimento da técnica cinematográfica apague sistematicamente o sentido que acaba de ser atingido em termos de resultado artístico, de forma que estaria explicado o porquê de o cinema perder significação conforme os seus meios de consecução técnica se aprimoram. É constitutiva da obra de arte a dificuldade do artista para impor forma ao material, para vencer a resistência que as imagens oferecem ao pintor, o assunto ao romancista etc. A arte tem-se deslocado para outro lugar sempre que no terreno por ela ocupado a técnica haja debelado toda dificuldade de representação. Com o expressionismo e a arte moderna a pintura abandonou o lugar à fotografia; com a Bauhaus a arquitetura resistiu, fantasiada de técnica. Na elaboração da obra de arte a dificuldade para produzi-la resulta num vazio que é preenchido à custa do acordo entre aquele que é artista e aquele que não é, entre quem fabrica e quem consome. A obra-prima de nascença surge do preenchimento, súbito e integral, do vazio pela técnica: quantos filmes atualmente já são clássicos no momento em que estreiam?

Vimos que a sedução exercida pelas imagens da década de 1950 sobre o cinema atual é mais do que uma moda, que ela assinala, à sua maneira, uma percepção do tempo perplexa não porque ele passa rapidamente demais, mas porque parece incapaz de passar. Corresponde a essa perplexidade a inclinação caleidoscópica do público, sua imaginação saturada de reflexos que se projetam uns sobre os outros, uns contra os outros, e que a desligam da história, ou antes, trazem todo o volume da história até os seus olhos na forma de uma superfície plana ocupada pela massa de imagens intercambiáveis ao infinito. Como se fôssemos nós os aprisionados numa espécie de "túnel do tempo", a instantaneidade da circulação das ideias encerrou a imagem do mundo numa forma efervescente e morta, concomitante e eterna, em constante mudança na direção de lugar nenhum.

Até do ponto de vista físico, houve nas últimas décadas uma multiplicação geométrica dos meios de produção e troca de experiências. O olhar da época parece levantar-se e ter um vislumbre aterrador de todas as épocas não porque "tudo já aconteceu", mas porque tudo está acontecendo sempre. O tempo atual nem sequer pode reivindicar a seu crédito a identidade de um fenômeno novo. Se há alguma coisa de novo é que essa sensação se propaga em todos os planos e se oferece em qualquer ponto para onde se volte a nossa atenção. Tomada pelo demônio da mercadoria, a camada de ideias que nos vinculava ao mundo como uma religião "resolveu" viver por conta própria. Aquilo que era uma esfera sagrada tornou-se enfim objeto, como qualquer outro, do funcionamento prático da sociedade. Estaria fora dos limites deste artigo comentar os surtos de melancolia violenta que se opõem a esse estado de coisas – desde a revolta de 1968 até o movimento *punk* e o terrorismo xiita – numa busca desesperada de religação com o passado e com a ideia, agora comprometida, de tempo.

[1988]
Em: Amir Labaki (org.), *O Cinema dos Anos 80*.
São Paulo: Brasiliense, 1991.

NAPOLÉON, DE ABEL GANCE

Como Cristo ou Leonardo da Vinci, custa a crer que Napoleão tenha sido humano. O número de livros escritos sobre sua vida oscila, conforme a fonte, entre 100 e mais de 200 mil; Goethe disse que ele tinha a maior mente que o mundo havia produzido. Seus feitos foram tão extraordinários, sua legenda abarca domínios tão extensos de memória e ação, a maneira pela qual sua personalidade moldou o mundo é tão arbitrária que, paradoxalmente, é essa personalidade a primeira vítima da própria fama: exceto os especialistas, pouco sabemos sobre Napoleão. Os pontos mais notáveis de seu relevo biográfico se iluminam tanto que o restante permanece na sombra.

É desse esquecimento que o mito napoleônico extrai a energia que emite. Um sentido unívoco, histórico, simbólico etc. foi dado a Napoleão, e os dados de sua vida estão imantados por ele. Napoleão é a imagem das suas imagens, o general intrépido e precoce, o estrategista fulminante, o político sagaz, o governante que a tudo provia, o legislador sábio, o "mais esclarecido dos déspotas esclarecidos", o gênio da razão aplicada à atividade prática – dele foi dito que se tivesse se recolhido a um sótão teria sido um novo Spinoza –, o consolidador da Revolução. Que uma parte dos contemporâneos o visse como o Hitler do século 19 enquanto outra o detestasse como o traidor da Revolução é algo que esquecemos, assim como foi esquecido que ele se classificou em 42º lugar na turma de 51 alunos da Academia Militar e que o seu 18 Brumário (1799) já acontecera como farsa. Seus órgãos genitais eram atrofiados, a crer na autópsia feita em Santa Helena, e se alguma lembrança restou disso ela foi transferida ao anedotário da baixa estatura, déficit que segundo uma explicação psicológica corrente o teria lançado à conquista da Europa.

Napoléon (1927), do cineasta francês Abel Gance (1889-1981), parte desse pressuposto evidente: soterrado sob o mito, o personagem é um homem sobre quem nada de verdadeiro jamais poderá ser dito. Axioma semelhante ao de *Cidadão Kane* (1941), de Orson Welles, filme igualmente biográfico e com o qual a obra-prima de Abel Gance, que o influenciou, tem afinidades. Tudo o que é possível fazer, então, é calcular que tipo de homem pôde ter estado na origem desse mito, de que forma essa personalidade fictícia teria reagido às convocações do destino, que aliás a pré-moldara. Porque o filme de Abel Gance age *a posteriori*: não se espera que o espectador acompanhe o desenvolvimento da biografia até a glória, mas que reconheça a glória numa biografia que é passada, por assim dizer, de trás para a frente.

Desde a primeira cena, a famosa batalha dos meninos na neve, Napoleão aparece vestido como Napoleão. No segundo dos blocos que compõem o filme, como histórias mais ou menos fechadas em si, vemos como foi que Rouget de Lisle trouxe um belo dia ao Clube dos Cordeliers a letra de uma canção que havia composto, e como Camille Desmoulins, depois Danton, depois a própria massa reconhece nessa canção os acordes da *Marselhesa*, que soava então pela primeira vez. O tecido do filme é feito dessa multidão de reconhecimentos: Pichegru, um dos generais que mais tarde salvariam o Comitê de Salvação Pública na guerra estrangeira de 1793, prevê que o menino Napoleão irá longe, porque é feito de granito modelado em fogo; avistando uma embarcação solitária pela luneta, o então oficial Nelson tenta persuadir seu comandante britânico a persegui-la, como se intuísse que ela levava de volta à França o futuro arqui-inimigo de seu país; Josephine de Beauharnais flerta com o capitão Bonaparte antes de entrar na casa de uma cartomante, que prevê seu destino de imperatriz; no cerco da Convenção, impressionado com um jovem oficial a quem incumbe de trazer a artilharia até Paris, Napoleão pergunta seu nome e ouve, como numa premonição, a resposta: "Murat, meu general!" – e assim por diante, na coleção de episódios que se desenrola durante as quatro horas da versão atual do filme, que inicialmente durava seis. A própria música de Carmine Coppola, composta para a recuperação em 1981 do original mudo de Abel Gance, é uma paródia garbosa, imperial, da *Marselhesa*, como se a regra do reconhecimento ordenasse aqui a militarização do hino revolucionário.

Estaríamos enganados, porém, ao pensar que esse efeito de reconhecimento, em que intuição prévia e constatação *a posteriori* confluem para uma terceira verdade, mística demais para se deixar reger pelas leis da causalidade, inexorável como a predestinação das tragédias gregas, é privilégio do filme de Abel Gance. Todo filme fundamenta seu ritmo no reconhecimento e somente existe como unidade conforme uma série de reconhecimentos acoplados fecha um círculo em redor da experiência de assisti-lo. Convém investigar as origens dessa razão de ser na produção mecânica do cinema, isto é, no fato de que toda fita, constituída a partir de uma infinidade de imagens, aspira a unificá-las numa só entidade, repetindo o procedimento do trabalho artístico em geral, que luta por extrair-se à contingência, por descolar da sucessão dos acontecimentos para expressá-la numa forma fora do tempo, numa existência livre das vicissitudes da matéria, insuscetível de mudar, ou seja, de deteriorar-se. Certa propensão conservadora, latente em muita atividade artística, deriva provavelmente disso, da consciência de que aquilo que uma vez "foi assim", subtraído do mundo material pela arte cotidiana, informal, automática que cada ser humano produz por meio da memória e dos sonhos como se fosse uma secreção glandular, quando submetido novamente ao andamento da matéria reverte em frustração, melancolia. Desse ponto de vista, todo desenvolvimento é frustrado, todo progresso é apodrecimento, todo futuro é catástrofe e toda mudança, desilusão.

A cada reconhecimento, a cada vez que as analogias fazem vibrar duas extremidades do roteiro, é como se essa vibração destilasse a essência do que foi reiterado, a ideia que parece ganhar vida por detrás da duplicação das aparências. Robespierre tenta se reconhecer na biografia de Cromwell, a Revolução Francesa nos romances, Napoleão, mais tarde, nas pirâmides onde verá sua imagem refratada no espelho de 40 séculos. No filme de Abel Gance, quando esses reconhecimentos não acontecem em duas ordens diferentes de tempo, como a águia que aparece ao garoto Napoleão – espécie de Rosebud que ressurge no topo do estandarte das tropas em marcha para a conquista da Itália (1796), no final do filme – nem por isso eles deixam de ocorrer.

Então não é o tempo, mas o espaço que se suprime. De volta da Córsega, o jovem Bonaparte conduz a jangada em que escapuliu da ilha em meio à tempestade; ao mesmo tempo, em cortes alternados, a câmera mostra as imagens "de outra tormenta", a que se abateu sobre a Convenção e a França com o Terror. Servindo como oficial em Paris, Napoleão tem a oportunidade de cumprimentar Rouget De Lisle ("Seu hino vale por mil canhões") e observar a Revolução do quarto onde mora e trabalha, enquanto anota suas reflexões. Desse ponto de vista sombrio, que de alguma maneira faz pensar nas perambulações de Hitler por uma Viena destroçada pela guerra e pela inflação, o que se levanta das ruínas do regime deposto não é a razão e a bondade naturais que Rousseau tinha anunciado. A liberdade assume a característica de uma paixão infantil e destrutiva que não se sacia, que só aumenta conforme se multiplicam os incêndios e assassínios; todos se sentem iguais e fraternos numa demência coletiva a cuja testa está o Comitê de Salvação Pública. Estima-se que de setembro de 1793 a julho do ano seguinte, quando Robespierre foi finalmente enviado à guilhotina, cerca de 40 mil pessoas (outras fontes mencionam 18 mil) teriam sido executadas na França – 133 cadáveres por dia.

A representação do estado de espírito popular no filme de Abel Gance é sarcástica e pessimista. A truculenta milícia popular da Revolução se inclina em reverências à moda do Antigo Regime quando Desmoulins passa; quando toca a *Marselhesa*, sequência mais tarde imitada no filme *Casablanca* (1942), de Michael Curtiz, um guarda revolucionário que traz a inscrição "Morte aos tiranos" tatuada no peito tenta acompanhar a letra... analisando o libreto de cabeça para baixo. Em outra passagem do filme, Napoleão vê a turba linchar um fugitivo que se refugiara na sacada da sua janela enquanto a câmera mostra, afixada na parede do quarto, a Declaração dos Direitos do Homem e do Cidadão. Voltaremos a ver o documento quando o jovem general, depois de salvar a Convenção sitiada pelos realistas (1795), contempla a Declaração gravada nas paredes do parlamento e declara: "A partir desta manhã, eu sou a Revolução".

Como fariam Marx no século 19 e Lênin e Trótski no 20, Marat havia preconizado a ditadura como única forma de a Revolução atingir suas metas e derrotar seus poderosos inimigos. Ao se investir nessa ditadura e em seguida coroar-se imperador (1804), Napoleão não deixa de realizar uma crítica da Revolução e nesse passo ele a consolida – ou a trai. Na linguagem alegórica adotada por Abel Gance, a conversão acontece numa daquelas sincronias já mencionadas, a saber, no momento exato em que os deputados votam o fim da monarquia, e Napoleão, solitário em seu quarto, sente-se intimamente ungido para um dia governar a França, como se através do cinema o espírito da realeza fosse transportado de um lugar para o outro.

"Ordem, calma, silêncio." Com este letreiro o diretor exibe Napoleão no cerco de Toulon (1793), o episódio militar que inaugurou sua fama, para contrapô-lo à "torre de Babel" que era o estado-maior inimigo. Mas o campo de batalha é sempre uma Babel. Stendhal mostrou Fabricio del Dongo (*A Cartuxa de Parma*, 1839) vagando por Waterloo sem saber se a batalha já tinha começado, estava em andamento ou já terminara, nem se algum dos lados havia ganho. Isaiah Berlin cita o polemista católico ultraconservador Joseph de Maistre (1753-1821): "Entre essa multidão de guerreiros que combateram o dia inteiro, frequentemente não existe um só, nem mesmo o general, que saiba onde se encontra o vencedor. [...] O que é uma batalha perdida? É uma batalha que se acredita ter perdido". Tolstói considerava Napoleão o maior dos embusteiros, por fazer crer que controlava o fluxo caótico de forças subterrâneas e acidentes fortuitos que comanda o mundo, contrapondo-o em seu romance mais famoso ao general russo Kutuzóv, que abria mão de controlar esse fluxo para abandonar-se a seus caprichos. Pelo menos num momento, ao ditar suas memórias em Santa Helena, o imperador deposto concordou com o que Tolstói depois diria: "Dependemos das circunstâncias e dos acontecimentos; sou o maior dos escravos entre os homens, a natureza das coisas é que manda em mim", teria dito Napoleão.

É como se, contrafeita pelos reveses de um mundo que se recusa a satisfazer seu apetite, a onipotência do ego infantil de Napoleão se transladasse para o mundo da glória, atuando para que também os pósteros se curvassem diante dele. "A morte não é nada, mas viver derrotado e sem glória é morrer diariamente", afirmou. O mito napoleônico expressa afinal a insignificância diante do mundo, o destino trágico de deter consciência disso por um lapso, antes de mergulhar de novo, com a morte inevitável, num oceano de moléculas incapazes de pensar, de sentir, de querer. Expressa também – e é isto o que torna o mito tão plástico do ponto de vista dramático – uma reação feroz contra essa fatalidade e a pressa de ludibriá-la até ter tempo de lançar--se numa ponte de sobrevida rumo à posteridade, seja a da glória, seja a da descendência.

Falaríamos então de uma onipotência do ego póstumo para qualificá-la? O assunto nos devolve ao remanso de truísmos por onde começamos, só que podemos refazer a formulação inicial para considerar agora não que Napoleão era sobre-humano, mas que todo humano é Napoleão, coisa que não apenas o filme de Abel Gance, mas em todas as épocas os loucos, em meio às distorções de sua lógica interior, parecem tentar dizer.

Folha de S.Paulo, "Folhetim", 29.10.1988

A GUERRA DO VIETNÃ NO CINEMA

Atribui-se a Ho Chi Minh a ideia de que o desfecho da Guerra do Vietnã (1963-73) seria definido não no Sudeste Asiático, mas a 7 mil milhas dali, na consciência da opinião pública americana, que se dividia como num eco dos combates e era, nessa perspectiva, o principal teatro das operações. Pela primeira vez na história os dois *fronts*, o das batalhas propriamente ditas e este outro que os militares gostam de chamar de "psicossocial", estavam reunidos numa simultaneidade inédita, revelada pela televisão. Se do ponto de vista estético a ausência de um hiato entre a guerra e a sua imagem impedia que ela se glamorizasse e cristalizasse num tratamento sentimental, do ponto de vista político essa mesma ausência impossibilitou a formação de um consenso duradouro em torno da versão oficial da guerra.

Tão logo a cobertura jornalística fez do Vietnã seu assunto predominante, a versão oficial desmoronou, solapada por uma campanha de opinião que via no estabelecimento da verdade sobre a guerra o meio de alcançar a paz. Porque da mesma forma como para a liderança vietcongue os combates se projetavam até o outro lado do Pacífico, para o movimento de contestação dos costumes que irrompeu na Europa e nos Estados Unidos nos anos 1960 a guerra funcionava como resumo ideal, como abreviatura algébrica da sua luta. Para ter em mente a força das energias ideológicas despertadas pela oposição à guerra, basta lembrar que o presidente que a perdeu foi deposto antes de terminar o mandato. A guerra era "injusta" porque estava perdida ao mesmo tempo em que estava perdida por ser "injusta".

O cinema americano refletiu todo um desenvolvimento de atitudes em relação ao conflito. Um crítico alinhou, já em 1981,

75 filmes direta ou indiretamente vinculados à Guerra do Vietnã.[1] Diretores tão diferentes como Elia Kazan, Robert Altman, Stanley Kubrick, Francis Coppola e Brian de Palma dedicaram filmes ao assunto, Altman e Coppola dois cada um. Até mesmo dois atores que são pai e filho – Martin e Charlie Sheen – estrelaram fitas a respeito do Vietnã, e a persistência da filmografia indica que se trata quase de um gênero à parte, menos vasto que o *western* ou os filmes de espionagem, mas dotado de uma coerência interna nos signos, nos temas, nos problemas dramáticos tão cerrada quanto a deles.

Sem modificar a estrutura do assunto, essa filmografia incorpora os acontecimentos externos à consciência cinematográfica e os utiliza como matéria-prima do diálogo de cada filme com os demais, que o antecedem e sucedem, no mesmo campo temático. O assunto reverberou nas várias modalidades de cinema: comédia satírica (*M.A.S.H.*, 1969), melodrama familiar (*Coming Home* [*Amargo Regresso*], 1978), drama psicológico (*Streamers* [*O Exército Inútil*], 1983), lírico (*Gardens of Stone* [*Jardins de Pedra*], 1987), alegórico (*Apocalypse Now*, 1979). Sobretudo uma certa sequência de sete filmes representativos, comentados a seguir, assinala não apenas as idas e vindas na evolução externa dos sentimentos em face da guerra, mas uma consciência crescente, cada vez mais minuciosa e exaustiva, a respeito daquele conflito e da ideia mesma de guerra.

Sem prejuízo de negarem uns aos outros, esses filmes se complementam e se saturam de sentido até que um movimento reiterado conduz sua atenção de volta à "realidade" da guerra, na tentativa de escavá-la em busca de uma camada mais profunda de sentido. A sequência desse conjunto de filmes mimetiza, de certa maneira, o próprio processo cinematográfico, se levarmos em conta que ela parte da apreensão mais visível da Guerra do Vietnã rumo a suas expressões ocultas, e que nesse trabalho ela retorna várias vezes ao plano físico do visível para perscrutá-lo e distendê-lo de modo a produzir angulações mais precisas, planos mais detalhados, significados mais introspectivos. Toda a

---

[1] Gilbert Adair, *Hollywood's Vietnam (From* The Green Berets *to* Apocalypse Now*)*, Nova York/Londres: Proteus, 1981.

primeira meia hora de *Platoon* (1986), filme que levou esse palmilhamento ao extremo e foi por isso qualificado de hiper-realista, está embutida em apenas um minuto da narrativa esquemática de *The Green Berets* (*Os Boinas-Verdes*, 1968). Somos tentados a dizer que cada filme já contém os que se seguem a ele, que *The Green Berets*, por exemplo, é o mais ingênuo e o mais malicioso desses filmes, que ao se erigir em panfleto propagandístico do exército ele conhece de antemão os argumentos que deve refutar, elaborados até as últimas consequências em obras posteriores como *Hearts and Minds* (*Corações e Mentes*, 1974), *Apocalypse Now* e *Full Metal Jacket* (*Nascido Para Matar*, 1987).

Convém que uma análise dos filmes adote, portanto, as duas perspectivas. Sob o aspecto cronológico, a atenção deveria voltar-se para a visão que cada filme acrescenta às visões da guerra nos filmes anteriores, superando-as ao desvendar a sua intenção (seja essa intenção ocultar os horrores da intervenção americana, seja instrumentalizar o conflito numa simplificação de esquerda dos seus problemas). Trata-se então de acompanhar o amadurecimento da reflexão num cinema que procurou fazer jus ao caráter profundamente moral do seu assunto e do drama de consciência que ele representou para toda uma nação. De outro lado, sob o aspecto sincrônico, que pertence por direito ao domínio da estética, onde moral e política são como o mármore para o escultor, trata-se de mostrar como esses filmes se interpenetram e plasmam em imagens uma só ideia de guerra, traduzida na experiência subjetiva variada que os roteiros procuraram captar.

The Green Berets[2] expressa o momento em que a intervenção americana no Vietnã começa a sofrer contestação generalizada. O filme se propõe a estancar as fissuras que ameaçam romper a versão oficial e a reafirmar a iniciativa dos EUA na região como imperativo de solidariedade humana e moralidade política. Iniquidade e corrupção, mais tarde atributos indissociáveis da imagem do governo de Saigon, são ainda apanágio do Vietcongue, que se abate de forma traiçoeira sobre uma população vietnamita indefesa mas indômita no amor à liberdade e na

---

[2] *The Green Berets* (*Os Boinas-Verdes*, 1968). Roteiro: James Lee Barrett. Direção: John Wayne e Ray Kellogg.

resistência ao inimigo totalitário, manipulado pelo governo de Hanói, por sua vez títere da União Soviética e da China. Caracteristicamente, o diretor do filme e seu protagonista principal é John Wayne, ator que se especializou na interpretação do herói arquetípico americano.

Como a experiência dos realizadores é tão rarefeita no gênero então embrionário quanto a do próprio exército no enfrentamento da guerrilha tropical, *The Green Berets* parece um magneto em direção ao qual pedaços dos filmes de guerra americanos anteriores ao Vietnã são atraídos. John Wayne invoca os clichês do *western* e dos filmes sobre a Segunda Grande Guerra para preencher as lacunas do enredo vietnamita, em que dirigentes do Vietcongue vivem como oficiais nazistas, um cabaré de Saigon parece o Moulin Rouge, a ambientação do rio Mecong (filmada na Geórgia, sudeste dos EUA) lembra o Reno e a da selva tropical parece a Floresta Negra, enquanto as armadilhas vietcongue e o cerco ao reduto americano no final do filme são extraídos do estereótipo apache ou cheroqui. A escassez de material disponível é tamanha que toda a segunda metade do roteiro é dedicada à missão de sequestro de um alto oficial inimigo, operação mais congruente, nas suas peripécias e escapadas sensacionais, com um enredo que transcorresse na Cortina de Ferro do que na Indochina.

Tão simplório quanto odioso em matéria de mistificação, este filme inaugura o hábito das inversões ideológicas que seria típico do cinema sobre a Guerra do Vietnã. É assim que o personagem condutor da história, um repórter americano contrário à presença de tropas de seu país na guerra, troca de convicção depois de testemunhar *in loco* a selvageria vietcongue, a bravura da população sul-vietnamita e o altruísmo dos militares americanos. Trata-se, é verdade, de uma guerra brutal e suja, mas ainda está claro que os *bad guys* estão do lado de lá. Prefigurando a crise dessa versão oficial, *The Green Berets* afirma que é a concepção dos pacifistas que merece ser denunciada como mistificação, como ingenuidade e como farsa. Por conhecermos os filmes posteriores a este, verificamos que nele tudo está invertido por antecipação, que vietnamitas do Norte e do Sul ocupam posições trocadas do ponto de vista moral, que os americanos já expiam sua culpa, na forma de abnegação, antes mesmo de serem declarados culpados. Custa pouco para imaginar que o oficial boina-verde interpretado por John Wayne é o coronel Kurtz vivido por Marlon Brando em *Apocalypse Now*, só que antes de enlouquecer. *Hearts and Minds*[3] deu início a uma reviravolta. Aplicou um choque de realismo documental nas convenções publicitárias do filme de John Wayne e substituiu a estenografia das suas indicações sobre a guerra pelas imagens cruas e ostensivas gravadas no próprio Vietnã, à maneira da cobertura jornalística de televisão. Desde *Hearts and Minds* uma câmera tremulante, que registra *in natura* tudo o que se põe diante de seu ângulo de visão, foi incorporada ao estilo dos filmes sobre a Guerra do Vietnã e empregada para reforçar a verossimilhança de cenas de combate em fitas como *Apocalypse Now*, *Platoon* e *Full Metal Jacket*. Uma verdade permanecera oculta sob o convencionalismo da versão oficial e para atingi-la era necessário desmontar não apenas as justificativas, mas também as imagens da grande mentira.

De acordo com a fórmula preconizada por Einsenstein, *Hearts and Minds* justapõe as duas versões de modo a criar um saldo de ensinamento moral. Exemplo dessa técnica é a sequência em que um militante vietcongue expõe os motivos da luta pela emancipação de seu país contra uma longa sucessão de exércitos invasores, e à sua fala se segue a de um participante da festa do "Independence Day", vestido como soldado das 13 Colônias, repetindo com expressões às vezes semelhantes o mesmo receituário nacionalista.

Apesar da linguagem seca e da narrativa semidocumental, *Hearts and Minds* é um filme doutrinário. Uma preocupação didática, orientada pela conjuntura imediata, permanece visível o tempo todo. Pode-se dizer que a "ideologia" da fita se deslocou das imagens para a sua montagem, do enredo para a conclusão pró-vietcongue que paira ao longo, depois e até antes da projeção. O filme pretende falar aos "corações e mentes" da plateia; divide-se ele próprio ao ser moral e documental, conclamatório e analítico – mas seu poder de análise está a serviço da propaganda de uma causa, e do ponto de vista da finalidade ele se

---

[3] *Hearts and Minds* (*Corações e Mentes*, 1974). Direção: Peter Davis.

distingue de *The Green Berets* menos do que pareceria à primeira impressão. Seria preciso esperar que a onda de culpa em relação à guerra atingisse a proporção máxima nos EUA e gerasse sua contrapartida para que outro filme, *The Deer Hunter* (*O Franco--Atirador*, 1978),[4] transformasse o caráter publicitário do cinema sobre o Vietnã, situando-o num plano subjacente ao tratamento psicológico e dramático da trama.

Dos filmes que se ocupam da intervenção americana no conflito, o de Michael Cimino é provavelmente aquele que maior controvérsia suscitou quando lançado. É curiosa a experiência de assisti-lo novamente agora, passados tantos anos desde o fim da guerra – quem não o tiver visto na época dificilmente poderá aquilatar o alívio que representou para o amor-próprio americano, bem como a indignação que despertou entre os que se opunham à intervenção e que o julgaram de um chauvinismo ultrajante. No entanto, é tão estratégica a posição em que ele se encontra na filmografia que caberia dizer que com *The Deer Hunter* termina a pré-história do cinema sobre a Guerra do Vietnã.

O impacto emocional desse filme teve origem num enfoque diferente da presença do invasor no Sudeste Asiático. Pela primeira vez são os americanos as vítimas. Sob inspiração da derrota, a primeira na história militar dos EUA, *The Deer Hunter* é um filme sombrio e pessimista. Inaugurando uma tendência de recuo geográfico em relação ao assunto que se consumaria por completo em *Gardens of Stone* quase dez anos depois, a maior parte da história se passa na América desglamorizada de Clairton, Pensilvânia, onde uma comunidade de operários gravita em torno de uma siderúrgica obsoleta e fumegante. No jogo das inversões sutis praticadas nesse filme, essa é uma comunidade de imigrantes russos, pobres mas gratos ao país que os acolheu. A semente da inversão, cultivada desde *Hearts and Minds*, frutifica aqui como inversão da inversão, se podemos qualificá-la assim, no sentido de uma vietnamização dos soldados americanos arrancados de seu *hábitat* por um compreensível sentimento de dívida patriótica e jogados em meio a uma guerra que se luta

[4] *The Deer Hunter* (*O Franco-Atirador*, 1978). Roteiro: Deric Washburn. Direção: Michael Cimino.

com requintes de – digamos, crueldade oriental. Somente em *Platoon* as cenas de guerra traduziriam uma angústia maior do que a rubrica sob a qual são condensadas em *The Deer Hunter*: a roleta russa que soldados do Vietcongue obrigam os prisioneiros americanos a jogar enquanto eles fazem suas apostas.

Falso do ponto de vista historiográfico, o recurso à roleta russa é compatível com a atitude de um filme que parece desdenhar a realidade objetiva da guerra por estar ocupado demais em rastrear o recorte por ela traçado na consciência dos combatentes. Mesmo esse rastreamento é oblíquo, entrecortado, nunca mais que sugerido no andamento insólito e às vezes bizarro da narrativa. Eufemístico quando não lacônico, empenhado em restaurar a autoestima do público, *The Deer Hunter* evita qualquer tagarelice pró ou contra e ultrapassa o dualismo dos filmes anteriores ao colocar em cena a ideia de que a experiência dessa guerra é de tal forma terrível que não pode ser comunicada. Um problema novo – expressar o inexpressável – se apresenta para a filmografia do assunto. A resposta imediata foi o primeiro filme de Coppola sobre a guerra, *Apocalypse Now*.[5]

A frase "esta não é uma guerra como as outras" aparece em vários filmes sobre o Vietnã. É possível identificar a diferença sem que tenhamos de nos aventurar por uma especulação estratégica acerca do conflito, mas atendo-nos tão-somente à sua percepção no cinema. Desde logo a guerra convencional obedece a um ritmo. Os confrontos são precedidos por um encadeamento de preparativos, conforme as tropas se posicionam em linhas opostas e os generais estudam a geografia do local, procuram detectar pontos vulneráveis na defesa do inimigo etc. A situação da batalha é disposta numa maquete que os oficiais utilizam para indicar suas ordens e apreciar o conjunto das atividades. A realização da guerra e sua mentalização pelos que dirigem as operações guardam, ainda, uma correspondência. É isso o que não ocorre na Guerra do Vietnã.

Nesse caso não há linhas de defesa nem manobras de envolvimento; o inimigo está em toda parte e não existe um *front*

---

[5] *Apocalypse Now* (1979). Roteiro: John Milius e Francis Coppola. Direção: Francis Coppola.

no sentido estrito da expressão, já que o antagonismo se estabelece em níveis descontínuos, em penetrações espasmódicas, em operações de surpresa. A floresta e a guerra constituem um só tecido viscoso, a onipresença do inimigo se enraíza na própria matéria física do território, na simbiose entre o guerrilheiro vietcongue, as aldeias cúmplices e o organismo vegetal que forma de norte a sul do país uma superfície inexpugnável. Daí porque a maneira mais eficaz de eliminar o oponente é eliminar a própria selva num incêndio de napalm. Nessas circunstâncias a disciplina militar se deteriora em paralelo com a disciplina familiar e social que parece se dissolver ao mesmo tempo na retaguarda, no outro extremo do oceano. Um dos problemas do alto-comando americano, largamente explorado em *Apocalypse Now*, teria sido manter as aparências de uma guerra, no sentido de dois exércitos que se combatem em condições semelhantes de hostilidade – os meios materiais e tecnológicos à disposição dos EUA eram mais adequados para ganhar uma grande guerra do que uma pequena.[6] É o que intui o coronel Kurtz, oficial americano que rompeu com o estado-maior para chamar a condução da guerra a suas próprias mãos, depois de sugerir que a única maneira de evitar a derrota seria recorrer à bomba atômica.

Apocalypse Now é apontado como o mais completo filme sobre a Guerra do Vietnã talvez porque consiga reproduzir passo a passo a evolução da imagem, inclusive cinematográfica, que a opinião pública ocidental teve do problema. As anotações sumárias de *The Green Berets* são retomadas aqui com sentido crítico e satírico. No começo do filme de Coppola, na sua fase litorânea, o país é uma república de bananas onde os americanos fazem o que lhes apraz e combinam a "limpeza" de aldeias sob controle vietcongue com a conquista de praias onde se possa praticar surfe. À medida que o barco da Marinha conduz o capitão Willard rio acima, rumo ao coronel Kurtz, que ele deve matar por desobediência e deserção, a guerra se desorganiza em camadas, a cada momento da projeção e a cada altura do rio mais desigual, inútil, gratuita, até que o seu aspecto caótico assume o primeiro

---

[6] Para se ter uma ideia de proporções, enquanto na Guerra Civil (1861-1865) estima-se o número de mortos em cerca de 600 mil, no Vietnã o exército americano perdeu menos de 60 mil homens, numa guerra duas vezes mais longa.

plano, quando a embarcação chega a uma ponte, continuamente destruída e refeita, em torno da qual americanos lutam sem saber mais quem os comanda contra um inimigo que nunca veem. A partir daí o tom expressionista da fita se torna ainda mais carregado até se exaurir no festim totêmico, francamente absurdo, do final. Quanto mais as câmeras penetram no interior do Vietnã, geograficamente na direção do Camboja, mais o que elas encontram são os fundamentos da atitude psicológica do invasor estrangeiro, que imagina ver fora o que vê dentro dele mesmo. Na tentativa de figurar uma espécie de inconsciente coletivo, as cenas finais são o ponto de chegada da decomposição do sentido político, moral e finalmente lógico do intervencionismo. Reduzida à sua matéria elementar, a seus núcleos mais primitivos no claro-escuro do refúgio de Kurtz, a pigmentação da realidade visível da guerra não é substituída pela metáfora, como a roleta russa de *The Deer Hunter*, mas recomposta sob a forma de alegoria. É interessante que o segundo filme do cineasta sobre a guerra, *Gardens of Stone*, adote uma estratégia oposta e em vez de imprimir em imagens os feixes de significado básico do assunto busque, pelo contrário, registrar suas manifestações mais capilares e delicadas. Entre uma versão e a outra, o filme autobiográfico de Oliver Stone, *Platoon*,[7] abriu caminho para um tratamento mais "artístico", livre de compromissos com a necessidade de crítica, justificativa ou síntese.

Como em *Apocalypse Now*, o modo de narração é epistolar. Mas enquanto a inspiração do filme de Coppola proveio de um romance de Joseph Conrad sobre a crise do colonialismo na África – *Heart of Darkness* (*Coração das Trevas*) – a de *Platoon* parece estar no impressionismo literário da novela *The Red Badge of Courage* (*O Emblema Rubro da Coragem*), de Stephen Crane, onde a experiência das batalhas na Guerra Civil impregna a psicologia de um jovem voluntário como se sensibilizasse uma película fotográfica. *Platoon* não precisa se ocupar do "sentido" da guerra porque a tarefa de desmontá-lo já foi realizada por *Apocalypse Now*. Desde a hipérbole do título se revela a distância entre aque-

---

[7] *Platoon* (1986). Roteiro e direção: Oliver Stone.

le filme e a neutralidade estatística, irredutível, deste outro, chamado simplesmente "Pelotão". Nesse espírito de remoção das figuras de retórica cinematográfica e de retorno à verdade visual da guerra, à pureza do seu registro tal como percebido por um recruta qualquer, *Platoon* seria antes metadocumental do que hiper-realista: pela primeira vez fato e ficção aparecem colados um ao outro, indistinguíveis num mesmo andamento.

Drogas, *rock* e racismo no exército, armamento chinês ou soviético oculto em aldeias aparentemente pacíficas trucidadas em represália contra o Vietcongue, o próprio maniqueísmo inerente ao conflito – esses e outros itens aparecem bem dosados, quase como se já não fossem trabalho do roteirista ou do diretor, mas hábito do cenógrafo e do continuísta, do mesmo modo que a nenhum estúdio de cinema ocorreria rodar um filme sobre romanos sem espetáculos de gladiador e banquetes com uvas, ou um filme com temática medieval sem monges de capuz. Não é qualquer originalidade no tratamento do assunto que destaca *Platoon* da profusão de filmes semelhantes produzidos sobre a guerra; a esse propósito o que é notável nele é a sua obviedade.

No entanto, uma tal nitidez e frescor animam a atmosfera descritiva de *Platoon* que temos a sensação de ver a guerra pela primeira vez, que após tantos ensaios e aproximações finalmente nada se interpõe entre nós e ela. O filme devolve a vida aos clichês que exuma; é a vez de a alegoria apocalíptica ser desmontada como uma filmagem passada de trás para a frente, ou antes como uma cena congelada que de repente começasse a fluir. O que sustenta o "realismo" de *Platoon* não é o tecido do seu enredo, convencional e estereotipado, mas a perscrutação pontilhista dos detalhes, dos pormenores mecânicos dispensados nas outras fitas por uma questão de economia fílmica.

No filme de Oliver Stone cada segundo parece durar uma eternidade, cada relance tende a ocupar a tela inteira. Mais do que o inimigo, o que atormenta o recruta que conduz o enredo é o exército de formigas, pernilongos, larvas e sanguessugas que o assedia todo o tempo. Na cena em que ele e o restante do pelotão velam à noite numa emboscada, um turbilhão de pequenos acontecimentos atulha a cena antes de o grupo ser surpreendido pelo destacamento vietcongue: a chuva, o sono, o susto ao acordar quando o temporal já passou, o vidro do relógio sujo de lama, o som dos grilos, as gotas nas folhas, o parceiro de vigília ressonando, a visão fantasmagórica da floresta no binóculo infravermelho, mosquitos no rosto, nos lábios, nos olhos, o som das pancadas cardíacas – e só então a silhueta, estranhamente prosaica e habitual, do inimigo a dez passos de distância. Vale lembrar que essa técnica é essencialmente cinematográfica, que o conteúdo de qualquer filme consiste em última análise na tensão consecutiva entre as partes do movimento que ele decompõe. O cinema permanece fiel, assim, aos seus primórdios, quando não passava de física recreativa.

A partir de *Platoon* torna-se mais difícil localizar a linha de interpretação que estamos perseguindo; liberta do conflito de consciência que a mantinha cativa à tona, ela submerge no estilo individual de cada cineasta e de seus roteiristas. Podemos antever que o filão terá prosseguimento, que os mesmos signos continuarão a ser mobilizados dentro do mesmo gênero, cada vez mais para designar, porém, configurações que pouco ou nada têm a ver com a Guerra do Vietnã em si. Num processo de alguma forma análogo ao que os economistas denominam "substituição de importações", o maniqueísmo originalmente aplicado aos dois exércitos foi trazido para dentro de um mesmo pelotão americano, assim como na acepção geográfica os enredos de modo geral recuam na direção dos EUA.

Sobre *Full Metal Jacket*,[8] limitemo-nos a apontar que a confrontação entre o coronel Kurtz e o capitão Willard, entre os sargentos Barnes e Elias em *Platoon*, é antecipada com maior densidade psicológica dentro de uma escola militar nos EUA e que o encaminhamento metalinguístico alcança novo patamar quando a ação das tropas no Vietnã é subordinada às conveniências da TV americana. O cinismo feroz desse filme manipula destroços das imagens da guerra; muito a propósito a ótica empregada é a do soldado *Joker*, que enverga sarcasticamente símbolos de paz e de morte no mesmo uniforme. Embora as sequências finais ecoem o naturalismo de *Platoon*, o sentido do

---

[8] *Full Metal Jacket* (*Nascido Para Matar*, 1987). Roteiro: Stanley Kubrick, Michael Herr e Gustav Hasford. Direção: Stanley Kubrick.

filme de Kubrick parece aproximá-lo antes de *Apocalypse Now* na sua textura de síntese e alegoria. Caso raro na filmografia, a batalha que encerra o filme se trava nas ruínas urbanas de Hué, ponto de inflexão da guerra, local onde os americanos se viram forçados ao recuo (janeiro de 1968), que não seria interrompido até serem escorraçados de Saigon na década seguinte.

A última ressonância da guerra, o cenário mais longínquo do distanciamento geográfico a que aludimos acontece, entretanto, no outro filme de Coppola, *Gardens of Stone*.[9] Aqui conhecemos o mito do Vietnã como elo final na cadeia do mecanismo humano gigantesco que movimenta a guerra: o sepultamento dos mortos. Seus personagens vivem na extremidade do fenômeno militar, na prestação de honras fúnebres e no culto ao desempenho *beyond duty*, além do mero dever. É nessa posição remota em relação ao calor dos acontecimentos que tem lugar o lirismo sereno de *Gardens of Stone*. As insígnias da morte em combate são postas em marcha solene diante dos nossos olhos, ao longo do enredo que mostra a carreira de um jovem aspirante desde sua transferência para a unidade do exército que zela pelo Cemitério de Arlington, na capital americana, até a partida para o Vietnã e o previsível retorno aos "jardins de pedra" onde ficará sepultado. Findo o vendaval de controvérsias sobre a guerra, tudo o que este filme pede é compreensão para os combatentes e que os mortos sejam lembrados com dignidade. A esta altura o problema – o drama da guerra – está igualmente sepultado.

O desligamento crescente e vertiginoso da consciência atual em relação a qualquer tipo de disciplina, seu sentimento de não pertinência em face das formações socialmente definidas (exércitos, pátria, política, história), a "emancipação" da cultura diante da própria cultura – tudo isso que se insinua hoje em dia como antevisão de um futuro desordenado já se prenunciava no mito cinematográfico do Vietnã. No mesmo passo uma confirmação irônica do valor que Ho Chi Minh conferia ao papel da opinião pública americana nos destinos da guerra se verifica na repulsa sem precedente, em escala internacional, que a ideia de guerra,

---

9 *Gardens of Stone* (*Jardins de Pedra*, 1987). Roteiro: Ronald Bass. Direção: Francis Coppola.

"justa" ou "injusta", provoca. É oportuno lembrar a contribuição do cinema para que um tratamento artístico do assunto ajudasse a fazer do pacifismo dos anos 1960 algo mais duradouro.

Novos Estudos CEBRAP, nº 25, outubro de 1989.

"ANGÚSTIA DA INFLUÊNCIA", POESIA E TEATRO

A história recente do teatro é a história da sua luta para sobreviver num mundo adverso. Essa luta não ocorre apenas no plano material, com as dificuldades de financiamento e bilheteria conhecidas, mas também no plano artístico. Se a obra de arte em geral dá mostras de que se exaure, de que se entrega a uma renovação tanto mais frenética quanto mais estéril, de que se consome no "moderno furor de originalidade"[1] justamente agora quando já não parece capaz de nomear qualquer coisa pela primeira vez – ou seja, de continuar sendo obra de arte –, se isto pode ser verdade, então é certo que no teatro esse mesmo problema se exibe em estágio terminal.

Não se trata apenas de uma fatalidade técnica, a saber, que o cinema e outros meios modernos de expressão tenham permitido um acesso imediato da consciência do público ao conteúdo narrativo, ao ocorrer interno da obra, de modo que o teatro e a poesia, que na maior parte do tempo só permitem esse acesso por meio da evocação indireta e verbal, perderam interesse. Isso aconteceu também.

Mas ao mesmo tempo é a difusão desvairada de repertórios culturais os mais diferentes, é o próprio excesso de experimentação em matéria artística e o preenchimento de tantas possibilidades dramáticas e cênicas o que torna a sensibilidade contemporânea um terreno por assim dizer esgotado, fazendo do espectador da nossa época um cético insatisfeito com a mera ilusão teatral – ilusão que tem de competir com as facilidades

---

[1] "Três quartos de Homero são convenção; e é semelhante o caso de todos os artistas gregos, que não tinham nenhuma razão para o moderno furor de originalidade." F. Nietzsche, *Obras Incompletas*. Editora Abril, 1963; p. 147.

técnico-eletrônicas de hoje em dia, de maneira que a arte dramática se encontra sob a ameaça dupla do passado e do presente. A multidão de estilos e influências que o crítico Harold Bloom[2] identifica a uma carga opressiva, da qual a poesia moderna tenta se libertar valendo-se das estratégias de "desleitura" de poemas anteriores, oprime da mesma forma o teatro.

Mal um achado estilístico é criado e reconhecido, uma entonação qualquer se torna o padrão da moda, logo surgem seguidores (ou "efebos", na terminologia de Bloom) dispostos a se voltarem contra o imediatamente anterior, a escapar da "influência", a fugir para outro ponto em busca de águas ainda indisputadas, virgens e tranquilas. Nada impede essa visão reveladora, que apresenta o desenvolvimento da poesia como um combate de forças egoicas entre "precursores" e "efebos", de fecundar outras áreas da compreensão do fenômeno artístico. A visão sugerida por Bloom ilumina o mecanismo de fuga que está na base da agitação conturbada – e mais conturbada à medida que aumenta a troca de experiências e a competição pelo favor do público – de toda a arte ocidental moderna, com sua sucessão frenética de estilos.

A partir de um dado momento, a arte ocidental, que já havia transitado da representação do eternamente belo para a representação de verdades sensíveis, abandonou o invólucro de qualquer representação. Essa manobra desconcertante – a da arte moderna – inaugurou uma "fuga para dentro", para as possibilidades implicadas na crise da linguagem artística, para o âmago da demolição dos próprios meios da representação. O artista moderno está acachapado sob os escombros do edifício que ele mesmo destruiu.

Do ponto de vista físico, é provável que a possibilidade de composição de obras de arte seja infinita; ainda que não nos coloquemos essa questão, pelo que ela tem de aparentemente ociosa, seria pensável, por exemplo, que se continuasse indefinidamente a compor como na época de Mozart. Mas nada parece

---

2 Graças ao trabalho de Arthur Nestrovski, quatro livros em que o pensador norte-americano desenvolve sua teoria da influência foram publicados pela editora Imago: *A Angústia de Influência* (1991), *Cabala e Crítica* (1992), *Poesia e Repressão* (1992) e *Um Mapa da Desleitura* (1995).

resistir, ao menos no contexto da arte ocidental moderna, ao impulso para deslocar a obra de um estilo para outro que o suceda e negue, de uma maneira para alguma maneira seguinte que a retifique. Daí a ideia bloomiana de que poemas preenchem vazios abertos por poemas anteriores.[3]

É como se as obras, sendo potencialmente infinitas em número, sofressem de uma escassez no efeito que possam suscitar, de uma natureza finita no seu poder expressivo ou na duração da sua surpresa, de uma exiguidade que torna encarniçada a luta por espaço que travam entre si – limitação que se faz mais sufocante conforme se avolumam proezas no passado. Cada obra de arte que se produz a mais é, nessa perspectiva, uma obra de arte que se subtrai e não que se acrescenta; o último assunto da arte será – aliás, já é – o da sua própria anulação no vazio.

Como se tivesse alguma percepção intuitiva disso, a maioria das pessoas parece lamentar que a arte não seja mais a de antigamente. O gosto médio em matéria de artes plásticas, por exemplo, não ultrapassou o impressionismo, e a popularidade universal do cinema e dos seriados televisivos trai um apego à narrativa consecutiva, no estilo do romance tradicional. Mas nem por isso se deve imaginar que a atitude do grande público moderno, basicamente refratária ao modernismo, considerado abstruso e na melhor das hipóteses apenas divertido ou "interessante", signifique qualquer adesão consistente à obra de arte pré-moderna.

O tradicionalismo do público é em grande parte fingido: poucos suportam ler Virgílio ou assistir Racine; exceto entre aficionados, a ópera é em geral tida por ridícula – e assim por diante, pois falta tudo o que compunha a atmosfera da obra de arte outrora. Falta tempo e instrução artística; faltam as linhas de força da tradição, interrompidas pela devastação moderna;

---

[3] As ideias de Bloom foram utilizadas como ponto de partida do presente texto, mas seu desenvolvimento tem pouco a ver com elas. O próprio Bloom concedeu licença ao dizer numa entrevista: "Espero que em algum lugar do mundo haja um ou dois críticos jovens que me desleiam vigorosamente em seu próprio proveito". (Entrevista a Antonio Weles em "The Art of Criticism 1", *Paris Review*, 1991; p. 232.)

falta a precariedade dos meios técnicos; falta a escassez de opções e variedades; falta sobretudo credulidade da parte do público, aquilo que Coleridge chamou de *suspension of disbelief* [4] e que é a condição preliminar para o funcionamento de um trabalho de arte na consciência do leitor ou espectador. Recepção e produção da obra formam um todo, em cada época, sempre que a credulidade pública as enlace.

Para efeito esquemático, sugiro distinguir no teatro contemporâneo, posterior à década de 1960, quatro tipos que se interpenetram e na prática aparecem combinados: o teatro-em--crise, o teatro-circo, o teatro-cinema e o teatro-música. Essas quatro estratégias serão enfocadas como réplicas dadas ao problema da exaustão das formas teatrais, em particular depois de um período de intenso, quase desesperado, experimentalismo criativo, como foram os anos 1960, e à luz do cada vez maior impacto técnico alcançado pela arte não-verbal na sensibilidade do público.

O que estou chamando de teatro-em-crise ecoa a expressão truncada de Beckett e Pinter, suas dificuldades de enunciação e de montagem do enredo, muitas vezes esquálido ou inexistente. O que está em jogo é uma crise na gramática da expressão cênica; trata-se da descoberta, tipicamente modernista, de que a linguagem é turva, de que ela mente ainda que à sua maneira nunca cesse de emitir verdade, de que não é um vidro translúcido entre nós e as coisas, mas antes uma névoa espessa e repleta de armadilhas, falsas gratuidades, labirintos e truques de ilusão.

O foco do interesse recua do palco para a língua, sendo nos choques entre diferentes níveis e maneiras da manifestação verbal que se resolve instalar o drama: por detrás da ação, que se torna por isso secundária, para além dos personagens, que não passam então de sustentáculos da fala, drama muitas vezes distendido em silêncios capazes de sugerir um sentido oculto que o rumor da fala acobertaria – daí o laconismo e a brevidade inquietantes de muitas dessas peças.

[4] *Biographia Literaria*. Londres: JM Dent & Sons, 1947; p. 147.

A tendência do teatro-circo se entronca na linhagem da dramaturgia política, particularmente em Brecht. Ela combina a característica de teatro pobre com a de teatro "autêntico" e compartilha, com a doutrina brechtiana, da inclinação para fazer da fraqueza técnica do meio a sua força. Dá-se por aceito que se trata de mero faz-de-conta,[5] de puro "teatro". Com grande senso de oportunidade artística, Brecht aproveitou-se dessa distância material que se abria entre novas exigências de ilusão e a miséria dos meios destinados a produzi-la no teatro para criar idêntica fenda entre o mundo das aparências morais e a realidade da luta social, iluminando esta última com luz sarcástica e estridente.

Em outras palavras, confrontado com o monumental problema do aparecimento de uma arte tecnicamente superior – o cinema –, o teatro de Brecht passou a expor o nervo de sua própria debilidade, a recorrer francamente à mais rústica, à mais crível das ilusões artísticas, o circo. Do ponto de vista estético, nem sempre a arte moderna de esquerda incorporou a inovação tecnológica que exaltava, como em Eisenstein ou Maiakóvski, por exemplo; apesar do seu interesse pessoal pelo cinema e pelo desenvolvimento das máquinas, interesse que decerto foi grande, Brecht terá sido exemplo do caso contrário.

Mas exemplo à força, *malgré lui même*, pois no efeito de distanciamento e no clima circense dos dramas de Brecht parece implícita uma confissão da "queda" do teatro, de sua superação inelutável (o autor de *Vida de Galileu* acreditava no progresso técnico e em seu valor para a redenção de humanidade). Seu método transpira uma resignação de regresso a uma essência ingênua, como quem dissesse: estes truques não iludem mais ninguém, já que surgiram outros truques melhores, mas por isso mesmo contemplem sua verdade nua e crua – e que o teatro valha tão-somente por isso.

O que parece ocorrer é que cada inovação tecnológica em matéria de arte permite atingir diretamente um "nervo" da sensibilidade artística que até então só vibrava por indução indireta,

---

[5] Atribui-se a Max Frisch a observação de que Brecht é "teatro infantil para intelectuais".

por efeito de ressonâncias produzidas pela vibração de "nervos" mais sutis ou delicados. Cada vez que isso se verifica pela primeira vez, isto é, que uma nova forma de arte incide diretamente sobre um feixe mais "baixo" de "nervos", como aconteceu com a ópera e mais tarde com o cinema – o campo inteiro da obra se ilumina com a incandescência magnífica, ainda que efêmera, que ela deflagrou.

Nunca ninguém experimentara, diante de uma obra, sentimento tão potente e veraz – é o que parece, pois a obra antiga, confrontada com a nova, preenche fracamente os sentidos (pensemos, por exemplo, num conto dos irmãos Grimm contraposto a um filme de Spielberg). Tudo o que fora feito antes se dissipa em palidez, eufemismo, debilidade, comparado à vida bruta que irriga a inovação. Logo, porém, é possível constatar o estrago que o achado sensacional deixou no rastro de seu aparecimento: toda uma região de "nervos", cuidadosamente educada ao longo de gerações, emudeceu para sempre, morreu para as gerações que virão depois. Fulminada pelo tóxico da inovação técnica, essa parte do tecido "nervoso" tem de ser removida e quem sabe preservada, para fins de pesquisa e estudo, em formol. De inovação em inovação, a arte como que se lobotomiza.

Não surpreende que a origem do teatro, da dança, das artes plásticas, da música e da poesia se confunda em cerimônias campestres, populares e ancestrais, e que nas sociedades "primitivas" que subsistem ainda hoje essa fusão originária se mantenha nítida e viva. Claro que a obra de arte sempre floresceu nas cidades, onde há público, dinheiro e ócio para consumi-la, mas o fenômeno artístico só pode interpelar uma sensibilidade determinada por – ou ao menos nostálgica de – uma vida rural que se abandonou não muito remotamente.

É que nas cidades as relações entre os homens se despem de função mágica e se tornam um maquinismo exposto, à mercê da apreensão racional, de modo que é típico da vida urbana, sobretudo da vida industrial-urbana moderna, que nela o terreno da expressão artística e religiosa definhe, enquanto o lugar é ocupado pela apreensão burguesa, jornalística, sociológica do cotidiano, pela pesagem utilitária das coisas e pela projeção racional-científica de seus reflexos na imaginação das pessoas.[6] No campo, tudo se passa ao contrário: uma continuidade vincula a vida do homem à existência das coisas, regidas ambas pela música das estações, pelos ritmos ocultos da natureza, por um mistério imemorial que encanta todos os acontecimentos, de modo que a fantasia se expande sob a proteção amistosa da cultura pré-científica, do "pensamento selvagem". As práticas são determinadas por ritos e tradições e não pelo cálculo medido das vantagens individuais – tudo se submete à lei da ignorância, da fé, da credulidade, numa palavra, à lei da religião ou à lei da obra de arte, que não passa de religião sem fé (embora nada impeça que o artista e o público sejam, subjetivamente, devotos).

Na cultura brasileira o drama que talvez melhor ilustre a celebração da religiosidade campestre no palco é *Auto da Compadecida*, de Ariano Suassuna. Tudo nessa comédia dramática exala a generosidade e o vigor artístico prodigalizados em sua composição: a alegre simplicidade do enredo, a transmutação do cordel numa *commedia dell'arte* rediviva, o humor malicioso mas franco das tiradas, o tratamento cheio de compaixão que é dado às fraquezas humanas, a denúncia da tartufice religiosa e das injustiças de classe, a suavidade do "didatismo" que comanda os desfechos, a serenidade diante da morte e do pecado, o perdão religioso que se derrama afinal sobre todas as personagens.

É de imaginar a surpresa e o fascínio que essa peça, ao estrear no Rio em 1957, despertou num público mal-acostumado pelas comédias enxaropadas da época. Como rajadas de ar fresco, os diálogos convidam ora ao riso compreensivo, ora à lágrima mais contrita, às vezes as duas coisas num mesmo lance. Vejamos uma partícula do texto, que singulariza e de certa forma resume a atitude do autor, bem como o espírito do auto. João Grilo e Chicó, duas figuras do povo, vão pedir ao padre da vila que benza um cachorro. Como fariseu rematado que é (prestativo em atender o mesmíssimo pedido, no desenrolar da

---

[6] No esforço de revitalizar uma arte enrijecida no cânone, os surtos de romantismo mergulham sua inspiração nas fontes comuns a toda arte: o sexo, a natureza campestre, as lendas do passado e o temor místico diante da morte.

comédia, quando lhe será feito por um coronel), o padre recusa, afetando horror em face da ideia sacrílega.

Padre
Não benzo de jeito nenhum.

Chicó
Mas, padre, não vejo nada de mal em se benzer o bicho.

João Grilo
No dia em que chegou o motor novo do major Antônio Morais o senhor não benzeu?

Padre
Motor é diferente, é uma coisa que todo mundo benze. Cachorro é que eu nunca ouvi falar.

Chicó
Eu acho cachorro uma coisa muito melhor que motor.[7]

Mesmo o teatro de Nelson Rodrigues, considerado nosso maior dramaturgo e um escritor definitivamente urbano, está próximo, muito mais do que se poderia supor, do misticismo rural de onde o *Auto da Compadecida* emergiu como um boneco de mola. Normalmente, a obra de Nelson Rodrigues é louvada pelo verismo psicológico de seus personagens, pela caracterização exata de usos e falas da cidade, por uma espécie de generalização do hiperespecífico patenteada nas fórmulas verbais, concisas e sentenciosas, que o fizeram famoso. Também é comum valorizar-se, por outro lado, a profundidade a que podem descer suas alucinações em torno da patologia sexual--familiar, as atmosferas quase religiosas de desejo, mania e culpa que soube extrair das sombras. Nenhum desses dois ângulos de apreciação se realiza, contudo, sem o outro.

Na convergência entre ambos os pontos de vista está o problema obsessivamente reiterado pelas tragédias de Nelson

---

[7] Rio de Janeiro: Editora Agir, 1990; pp. 32 e 33.

Rodrigues, que talvez possa ser resumido assim: a sexualidade patriarcal, produto de um universo agrário, entra em curto-circuito na cidade; ela se desorganiza à medida que as oportunidades de contato erótico se multiplicam na demografia urbana; os fantasmas da paixão incestuosa, identificada com o mundo rural onde a família é uma unidade ampla, mas isolante, onde o círculo do desejo praticamente se confunde com o perímetro familiar, tais fantasmas retornam para exigir seus direitos usurpados.

Por incrível que possa parecer, à luz da aura "maldita" que cerca o autor, o partido que ele toma é o de uma sexualidade morigerada, que renuncie tanto aos extremos de castidade da religião, como à permutação desordenada e perversa da cidade grande, como ainda às compulsões regressivas do incesto. A dramaturgia de Nelson Rodrigues é uma metáfora sexual da transição do campo para a cidade (essa a ponte capaz de reunir, respectivamente, suas "peças míticas" e suas "tragédias cariocas", para usar a consagrada classificação do crítico Sábato Magaldi). Como se ele percebesse que escrevia nas décadas de ouro da nossa cultura artística, quando ela atingiu seu ápice, breve e modesto, mas cuja altitude talvez nunca se alcance outra vez, seu teatro soa como um réquiem para uma arte que mal nascia.

Ao assegurar uma longevidade média e uma previsibilidade maiores no curso de cada vida, a sociedade urbana moderna converteu os sentimentos de heróis como os de Homero ou Shakespeare em abstrações sem cabimento ou exageros fadados ao patético. Pode ser que na Idade Média, digamos, valesse a pena conduzir uma vida de cavaleiro errante, pois a chance de estar morto no dia seguinte, vítima da peste, da guerra ou simplesmente assassinado pelo vizinho era em qualquer caso imensa, mas na classe média ocidental da nossa época o estudo das vantagens proíbe o assassinato (a Justiça, apesar de tudo, funciona melhor), desacredita mesmo de qualquer gesto extremo de paixão, encontra explicações "psicológicas" para as febres de ambição e culpa, não impõe obstáculos sérios à satisfação sexual, faz da vingança algo de tolo ou inócuo, transforma antigas ideias de amor em pieguice, de honra em reles machismo.

A psicopatologia da nossa era explica demasiado bem o comportamento de heróis e vilões do passado para que eles possam conservar sua ambiguidade, sua "problemática", seu destino-em-curso, a qualidade enfim que os tornava vivos para sempre. Sabemos demais: do ponto de vista de uma sensibilidade atual a ação da maioria dos personagens trágicos soa sem fundamento e até falsa, porque igualmente compreensível e despropositada. A tragédia burguesa já é por isso uma fuga em direção à comédia. Tchekov chamava seus dramas de comédias e reclamava do tom a seu ver excessivamente grave que Stanislávski imprimia à direção dos diálogos.[8] Desde o drama francês do século 18 até Shaw e Beckett a tragédia deriva para o cômico porque, para satisfazer o apetite insaciável por verossimilhança, para fugir à incredulidade da plateia urbanizada e "científica", são introduzidas camadas sempre mais generosas de prosaísmo, de "naturalidade", de "a vida como ela é".

O contraste entre o motivo trágico e o andamento reduzido-prosaico tem de resultar, como ocorre tanto em *Dom Quixote* como nas histórias de Kafka, em efeito cômico. Modernamente a tragédia pura somente sobrevive onde não houver recheio de sentido (pois ali ela desandaria automaticamente em comédia), numa atmosfera qualquer indefinível na sua rarefação, intraduzível na forma intermediária da palavra, numa atmosfera afinal de música.

Enquanto a arte propriamente dita se desdobra em imitações, analogias e aproximações, a música sempre se manteve à parte, significando sem significar, perfazendo uma ondulação de vida à qual falta sentido ou conteúdo. Percebemos uma profundidade, os ecos de uma narrativa, um abismo de sentidos que despencam, até distinguimos aqui e ali a silhueta de sentimentos para os quais imaginamos dar nome: lamúria, piedade, orgulho, resignação etc. Mas ao mesmo tempo esse conteúdo, tão presente, palpável e sentido por meio da música, é oco na sua fugacidade e puro no seu vazio: não pode ser conservado nem sequer dito. Pois a arte moderna busca inspiração e encorajamento

---

[8] Cf. Robert Brustein, prefácio a *Chekhov: The Major Plays*. Nova York: New American Library, 1982, p. XXI.

nesse pressuposto da música, na ideia de expressar sem que a expressão se embalsame no contágio das palavras e se debilite nos nexos demonstrativos. Tome-se o teatro de Gerald Thomas, que é ao mesmo tempo teatro-em-crise e teatro-cinema, mas principalmente teatro-música. Aos atores só é facultado falar sob a condição de que o assunto não se articule: pelo palco desfila uma legião de personagens tartamudos, sussurrantes, roucos, deficientes mentais, com a boca tapada por bandagens, com sequelas no aparelho vocal, que gritam inaudíveis sob o estrondo de uma máquina qualquer, vultos concebidos para serem vistos ou pressentidos, mais que ouvidos.

É pela atração poderosa que a música exerce, abafando os personagens bem como o ruído de sua ação em cena, que esse teatro, além da ênfase na solenidade de sua organização plástica, tem enunciado operístico, como ressaltou o encenador ao chamar seu grupo de Companhia de Ópera Seca. Seca em antônimo a verborrágica, a verbal. Cabe notar que até mesmo um diretor que nenhuma relação tem com o trabalho de Thomas – Antunes Filho – encenou recentemente uma versão de *Chapeuzinho Vermelho* em língua inexistente, inventada, prevalecendo-se nesse caso, porém, do enredo conhecido, ou talvez, pelo contrário, ao encontrar uma maneira nova de dizer o que já foi dito mil vezes, livrando-se artisticamente desse problema... o mesmo problema examinado, sob vários ângulos, neste artigo.

Levamos estas especulações longe demais? Vamos ver que tipo de conclusões o final do trajeto nos reserva, antes de nos desviarmos dele. A perspectiva que adotamos revela o desenvolvimento de estilos como luta em torno da escassez e a atividade artística, portanto, como uma economia. Trata-se de uma noção em que a obra de arte, longe de constituir secreção abstrata e uniforme do pensamento, corresponde a uma forma de consciência ou de apreensão da vida que não existiu desde sempre, que surgiu numa era de misticismo mágico, desenvolveu-se na luta feroz entre escolas de artistas e críticos, emancipou-se da religião e está a caminho de esgotar seu campo expressivo.

O mecanismo da sensibilidade estética é um todo que aparece, do ponto de vista da produção do trabalho artístico, como inovação ou surpresa, e do ponto de vista da sua recepção, como credulidade. Para atuar, esse mecanismo se utiliza de uma infinidade de formas expressivas, mas o estoque delas entrementes se consome, tanto mais depressa quanto maior a quantidade e a diversidade das obras e estilos que já se realizaram, de modo que o movimento do conjunto configura sempre uma fuga cujo endereço final é o silêncio.

Processo semelhante já dissolveu a religião propriamente dita. O antigo fervor religioso, enfraquecido e dispersado pelo avanço da consciência racional-científica, evaporou a ponto de se reduzir hoje a uma agitação utilitária, ornamental, epidérmica. É certo que as superstições e crendices se multiplicam (não raro sob disfarce "científico" e sempre como reação ideológica ao predomínio da civilização técnica), mas o que existe de verdadeira religião em horóscopos, tarô, leitura de búzios e outros divertimentos mais ou menos inócuos, exceto a aparência?

Da mesma forma, a arte não morre, mas se padroniza na reprodução industrial e transborda da obra para a superfície de todas as coisas, diluída no tratamento estetizante dos corpos, das embalagens, da propaganda, das roupas e utensílios, das imagens, das próprias ideias. Alguém dirá que a atualidade assiste, porém, a um ressurgimento de fundamentalismos religiosos – o que é indiscutível. Mas a corrupção violenta das particularidades de família e nação, o desmantelamento de qualquer atitude baseada no heroísmo ou inspirada na transcendentalidade do espírito – a consolidação, em suma, do estilo de vida da classe média ocidental, com seu hedonismo calculista, estreito e vulgar, que se verifica em escala internacional, representa uma tendência muito forte e profunda que provavelmente nada poderá deter.

Qualquer eventual confirmação do pensamento desenvolvido até aqui nada teria a ver com um desaparecimento físico do teatro. Pelo contrário, tudo leva a crer que quanto mais arrivistas forem as novas classes médias, tanto mais interessadas estarão em "espiritualizar-se", e na pior das possibilidades os espetáculos de arte seguirão confinados a esse papel menor, que de resto sempre desempenharam, de atender a demanda por um consumo mais requintado de autoimagem por parte do público. Haverá lugar, certamente, não só para a música sinfônica e a ópera, mas para a comédia comercial e até para um teatro de qualidade artística superior, desde que organizado de forma a cumprir as regras do mercado.

O problema é de domínio estético, mais especificamente saber como a poesia e o teatro, entre outras modalidades de arte tradicional, conseguirão reter parte da sua capacidade inventiva, de sua aptidão para discernir algo de verdadeiro e novo – questão de interesse para quem acredita no poder mágico e revelador da criação artística. Até porque as artes mais novas e recentes, embora favorecidas pelo entusiasmo do público, são incapazes de frutificar por conta própria e se mantêm dependentes desses velhos laboratórios da palavra e da imagem, de onde pilham sua subsistência.

"A ignorância é uma das fontes da poesia", escreveu Wallace Stevens.[9] Livre das obrigações que a oneravam no passado e confrontada com um futuro sem promessas, não deveria a obra de arte procurar a ignorância onde ela ainda se oculta? Não é a ignorância a mãe da credulidade? Bem consideradas as coisas, se o artista moderno se mostra incapaz de criar não é por saber menos, mas por saber mais do que os gigantes do passado que o massacram com o peso do que realizaram.

Ele não tem como desaprender o que já sabe nem devolver ao público uma ilusão que se dissipou, uma fé que se perdeu, mas pode explorar resquícios de ignorância e credulidade que seus antecessores, dispondo de mananciais então inesgotáveis, desprezaram – mais ou menos como um viajante do deserto que chegando a uma lagoa ressequida tem de se contentar com as poças d'água aqui e ali. É natural que o teatro se volte, assim, para assuntos até agora resistentes ao drama, para situações que à primeira vista não valeria a pena levar ao palco, para a reutilização de formas decaídas ou a descoberta de periodicidades e ritmos dramáticos ainda não experimentados. Não resta muita opção ao artista criador exceto escavar significações que se

[9] *Opus Posthumous*. Nova York: Random House, 1990; p. 198.

esqueceram, soterradas pela experiência dos tempos, ou que se mantêm até agora incólumes, nunca notadas na sua propagação capilar, no seu desenho infinitesimal, na sua verdade fantasmagórica. Os obstáculos que ele precisa enfrentar são maiores, e menor o seu assunto.

Revista USP, nº 14, junho/ julho/ agosto, 1992.

ED WOOD NO PLANETA KANE

Quatro noites depois de estrear em São Paulo, o filme *Ed Wood* só passou, em determinado cinema, depois que três espectadores decidiram "produzir" a exibição e comprar os ingressos que faltavam – dois – para completar o quórum mínimo. Na semana seguinte, os distribuidores já cogitavam retirar o filme de cartaz. O leitor interessado terá de consultar o "roteiro" para saber se a decisão, que parecia iminente, foi tomada. Até a este ponto o filme de Tim Burton é fiel à sina do personagem-título, Edward D. Wood Jr., o cineasta dos anos 1950 que foi eleito em 1980, dois anos depois de morrer alcoólatra, o pior diretor de cinema de todos os tempos.

Ed Wood é um desses fenômenos em torno dos quais os signos se agitam na efervescência de reiterar; em termos simbólicos, é um campo denso, de alta gravidade, capaz de atrair extremidades as mais remotas e isoladas, como aquela sessão de cinema, naquela noite, em São Paulo. Mas entre o fracasso do diretor Ed Wood e o do filme agora feito sobre ele, no espaço entre essas duas bilheterias às moscas, está o mergulho que os roteiristas de Tim Burton empreenderam nas regiões mais sombrias da arte, as da impotência criativa, para retirar de lá esse filme esclarecedor.

Sempre supersticiosos, é de se imaginar as mandingas a que atores e técnicos envolvidos na filmagem de *Ed Wood* terão recorrido para exorcizar esse filme mórbido, que anuncia seus créditos sobre lápides e chama a si a maldição do mais desastroso realizador de todos os tempos. Para piorar as coisas, tudo o que o diretor Ed Wood queria era repetir o ídolo Orson Welles. Ele de fato acreditava, na sua incapacidade para ver, que estava rodando um *Cidadão Kane* atrás do outro, de modo que o sentimento de fracasso se torna ainda mais duro, porque ressaltado no confronto com a obra-prima das obras-primas. Mas logo intuímos que o filme não apenas contorna a maldição do personagem como é uma eficiente máquina de defesa montada contra ela.

É que o filme *Ed Wood* se torna uma paródia de *Kane* na proporção em que o personagem Ed Wood parodiava Orson Welles. As semelhanças estão em toda parte: Kane teve duas mulheres, Wood também; há um falso artista tanto em *Kane* (a cantora Susan Alexander) como em *Wood* (o próprio); o melhor amigo de ambos os protagonistas é um viciado sob tratamento (Jed Leland e Bela Lugosi); os dois filmes começam por narrativas em clima gótico e terminam da mesma forma, com a ideia de que há um ponto além do qual a câmera não pode ir; o Rosebud de *Kane* é o casaco de angorá em *Wood*. Apesar das longas "árias de melancolia", os dois têm urdimento cômico e literalmente se encontram, por assim dizer, quando o personagem Wood dá de cara com Welles, bebendo sozinho num bar, no filme *Ed Wood*. Mas a analogia mais relevante é que tanto *Kane* como *Wood* são a refilmagem de um filme anterior.

O começo de *Kane* é um documentário convencional sobre a morte do magnata (semelhante, aliás, aos restos de filmagens que Ed Wood enfiava em seus filmes), descartado pelo diretor insatisfeito, alter ego de Welles, oculto na sombra, que exige algo melhor e lança a pergunta, a propósito da última palavra emitida pelo morto: "O que é Rosebud?". Só a partir daí o filme começa de fato e ele consiste então na tentativa, ademais "frustrada", de refazer o cinejornal do início. Algo paralelo ocorre com o filme de Tim Burton: ele "corrige" Wood; entre relâmpagos, polvos e caixões, refaz os filmes que Wood pensava estar fazendo, toda a película *Ed Wood* podendo ser vista como um *remake* de *Glen or Glenda?* (1953), o primeiro – e autobiográfico – filme de Ed Wood.

É como resultado desse expediente artístico que *Ed Wood* consegue se aproximar tão perigosamente do planeta Kane, pelo seu lado mais abismal, sem correr o risco de ser tragado, mas, ao contrário, ingressando numa espécie de equilíbrio gravitacional com o grande astro. Em vez de "corrigir" Welles, Tim Burton se coloca ao lado dele, que corrige o cinejornal sobre Kane, corrigindo da mesma maneira o pior dos diretores, Wood. Antes e depois, melhor e pior, clássico e decadente, gênio e epígono não cessam de trocar de lugar, assim, por força da lei da paródia, acrescentando a cada giro um sobressentido de ironia, compensação e álibi, ou seja, de defesa.

De banalidade psicologizante a achado metafísico, Rosebud é o insondável, é a placa "passagem proibida" afixada numa tela de arame, é o ponto além do qual nem a arte, que dirá a câmera, se atreve a prosseguir. Dissemos isso tudo sobre o casaco de angorá, fixação de Ed Wood. Sabemos que angorá é o núcleo de uma mania concêntrica: Wood gostava de se vestir de mulher, mas não era homossexual nem, a rigor, travesti. A mesma arbitrariedade da relação Kane-Rosebud se reproduz no par Wood-angorá. O único indício significante é que o travestismo de Wood é *phony* (de araque), como um personagem do filme diz sobre os seus cenários, como os críticos disseram de sua obra, ao deslocá-lo para o último posto numa fila do tamanho das de Cecil B. de Mille, encabeçada por Welles.

Na cena decisiva de *Ed Wood*, Welles e Wood se encontram por acaso, Wood vestido de mulher, Welles também ele completamente *phony*, de smoking e charuto, rabiscando o roteiro do monumental e inacabado *Don Quixote*. E, paradoxo dos paradoxos, eles são idênticos, os problemas de Wood (falta de recursos, intromissão de produtores, concessões a serem feitas, alcoolismo) são os problemas de Welles. Transfigurado, Wood sai desse encontro rumo ao desfecho do filme, quando termina a obra pela qual, em suas próprias palavras, "será lembrado" – e com efeito *Plan 9 From Outer Space* (*Plano 9 do Espaço Sideral*, 1958) é tido como o pior filme da história do cinema, uma proeza equivalente, embora oposta, àquela realizada por *Cidadão Kane*...

Assim como na religião, muitos serão chamados e poucos os eleitos. A cena do trem-fantasma, a que mais fortemente corrige *Glen or Glenda?*, expressa a salvação pessoal de Wood: ao revelar de modo adequado, no primeiro encontro amoroso, a mania de se vestir de mulher, e ao ser aceito nessa mania, ele desfaz o curto-circuito e assim a lâmina da guilhotina assombrada, suspensa por falta de luz sobre suas cabeças, poupa o casal, tal como a Esfinge dá passagem ao ser solucionado o enigma, impenetrável como Rosebud. Wood teve, enfim, o que Kane (nem Welles, parece) jamais encontrou, a saber, a aceitação cega, irracional, de uma mulher. Eis a compensação final, eis Wood devolvido da arte, que é não vida, para a vida.

Não há dúvida de que Wood era um mau artista; resta saber se ele era um artista e de que tipo. Digamos que há dois tipos clássicos de incapacidade autoral. O primeiro, cujo modelo seria Flaubert, é o do autor que se sente aquém do seu objeto, que destina uma energia imensa e um tempo incansável à tentativa vã de atingi-lo, e que corporifica assim a frase de Buffon, compulsivamente citada pelo próprio Flaubert, segundo a qual "o gênio é uma longa paciência". O segundo é representado por Artaud, que estava além do próprio objeto, que, apesar de irradiar uma superior vibração artística, influência marcante em todo o teatro moderno, não deixou qualquer obra, porque no seu caso o autor ultrapassava a autoria. É como se em Flaubert houvesse falta e em Artaud, excesso.

A posição de Wood, nesse quadro esquemático, não seria "aquém" nem "além": quando levam sua peça ou quando filma, ele aparece em êxtase, embriagado por um sentido e uma beleza que só ele e ninguém mais vê. Interioridade e exterioridade já estão previamente unificadas nele. É exatamente porque a atividade artística ocorre, por assim dizer, no seu coração, sem que seja necessário realizá-la objetivamente, que ela permanece ali, indevassável, onde aborta para nós, não para ele. Wood é um não artista, mas no sentido específico de que ele é um artista para si, que o tempo todo gera e sepulta um mesmo morto-vivo: a própria obra.

Seus discos-voadores, seus diálogos estúpidos, seus túmulos de papelão são apenas as sombras projetadas na parede de uma caverna mental; nessas sombras a intenção e o efeito estão colados como a luz que não pode escapar de um buraco negro em astronomia. Ele errava por ansiedade, autoconfiança e preguiça de uma só vez. No ar puro da subjetividade de Ed Wood, no entanto, se nos fosse possível alcançá-lo, as imagens se desdobrariam ideais, perfeitas, acabadas. *Kane* é o positivo e *Wood* o negativo de um mesmo filme, que permanece oculto entre ambos. Esse filme seria o real, o inacessível.

Folha de S.Paulo, "Mais!", 2.7.1995

O DON JUAN DE TRUFFAUT

Exceto em certas paródias do romantismo tardio, Don Juan nunca teve filhos, apesar do fenomenal empenho copulativo. Kierkegaard achava, até, que sua história não poderia ser narrada sob a forma de texto, mas tão somente por meio da música – a de Mozart –, pois a vida de Don Juan é um eterno presente, como a melodia que só existe enquanto é tocada. Ao contrário do "homem que amava as mulheres", entretanto, o mito que se criou em torno dele é de uma fecundidade selvagem. Deve ser tarefa interminável (terá alguém tentado?) catalogar, como Leporello fazia com os sucessos amorosos do patrão, as peças, os poemas, as óperas, os ensaios sobre Don Juan.

O mito teve origem na Espanha da Contrarreforma, onde se perde nas ramificações de mil rumores que circulavam tanto nas ruas como na corte. Gregorio Marañon, "donjuanólogo" espanhol, identifica a semente principal nos processos que a Inquisição moveu contra os *alumbrados*, místicos que andaram em voga nos conventos espanhóis entre o fim do século 16 e o começo do 17. Parece que era frequente haver conventos de monjas comandados por um único prior, nos quais a ascese e o isolamento terminavam por inclinar o entusiasmo religioso numa direção francamente sexual. Daí religião e sexo estarem intimamente ligados na versão pioneira, que chegou até nós, escrita nas primeiras décadas do século 17 e atribuída a Tirso de Molina (que, aliás, era um frade).

Na atmosfera repressiva da Contrarreforma, Don Juan aparece como pulsão primitiva a ser punida exemplarmente. Mais do que libertino, porém, ele é ímpio e "burlador", ou seja, aquele que se faz passar, teatralmente, por outro, a fim de usufruir de contratos sexuais que não assinou ou fugir a obrigações que contraiu. A narrativa se reproduz no costume de trupes de teatro popular. Na comédia de Molière o personagem já surge com os ares de galanteador e pilantra que conhecemos, iludindo por meio de palavras em vez de máscaras. Mas logo as ondas do romantismo o arrastam e ele volta, no poema de Byron, por exemplo, como herói quase existencial, mais vítima do que manipulador das circunstâncias. A partir de então, prevalece o caráter cada vez mais arqueológico do mito: os autores sabem que estão escrevendo paródias.

Há don juans arrependidos, convertidos, sentimentais, ultrapassados no amor por algum filho mais jovem; há o donjuanismo reverso da peça de Shaw, *Homem e Super-Homem*, em que as mulheres são caçadoras e os homens, as presas. O maior dos libertinos chega ao nosso século alquebrado, para sucumbir, depois de tantas desventuras, ao xeque-mate da psicanálise, que exibe à luz do dia o mecanismo do seu funcionamento. O mito está morto.

Mas os mitos renascem sempre que um novo meio, uma nova técnica, venha surpreendê-los novamente no frescor da primeira vez. É o caso do Don Juan de François Truffaut (1932-84), que numa inversão curiosa aconteceu antes como filme e depois, deslocado talvez pelo forte magnetismo literário do tema, na forma de novela, ou "cine-romance", como definiu o autor. Em oposição às dissonâncias de Godard, Truffaut corresponde ao lado melodioso, harmônico da *nouvelle vague*.

Há uma leveza, uma graça nas surpresas do enredo, uma delicadeza no trato da linguagem sexual que dissipam a pesada herança do mito e nos permitem ver Don Juan como um francês dos anos 1970, às voltas com mulheres de pantalona e óculos escuros. As peripécias em que se mete um homem que não faz outra coisa senão perseguir mulheres se prestam maravilhosamente à situação cinematográfica: o personagem se "presentifica" outra vez, pois da mesma maneira que a música e o sexo, e em oposição, quem sabe, à literatura e ao amor, o cinema não admite nem passado nem futuro.

Não que a narrativa de Truffaut ignore as descobertas já realizadas a respeito da estrutura, digamos, do mito. Bertrand Morane, o protagonista, tem uma melancólica consciência de que está acometido por uma enfermidade ou pelo menos um hábito compulsivo; há até um episódio médico, na consulta ao urologista. Embora exerça, à semelhança de seu ancestral, um fascínio suplicante sobre as mulheres, que dissolve as resistências femininas num passe de mágica, ele age como se estivesse possuído por um sintoma.

A epígrafe, que contém uma espécie de "moral" do filme, é uma frase do psicanalista Bruno Bettelheim sobre a incapacidade de Don Juan para amar como sendo a mesma desproporção que o faz tão sequioso de ser amado. É que do ponto de vista contábil, o único que ele conhece, Don Juan é um saco sem fundo: nenhuma moeda amorosa se mantém forte o bastante para preencher tamanho déficit afetivo. O pecado do donjuanismo é a volúpia de si – esse é o eco que ressoa em toda a trajetória do mito, confirmado na obra epilogal de Truffaut. É como se o herói visse, no espelho de amor que lhe oferecem as mulheres, uma imagem evanescente dele próprio. O que Don Juan persegue é essa imagem que se transfere de uma mulher para a seguinte. Deve existir uma lacuna de origem, uma falha inaugural que deflagra o círculo vicioso, e para o cineasta ela seria a mais óbvia de todas: a mãe do protagonista não o amava.

De qualquer forma, o cinema prescinde de exposições de motivo. Ele viceja na consecução narrativa, seca e lacônica, em que os atos se desdobram pela linha do suspense, ou seja, na consequência ao mesmo tempo necessária e desconcertante de cada movimento rumo ao seguinte. Nisto o roteiro é especialmente feliz: flanando pelas ruas de Montpellier, o personagem multiplica ocasiões amorosas ao dobrar suas apostas em cada lance.

Intriga que a sua ocupação seja a de engenheiro mecânico; entre uma aventura e a seguinte, ele aparece testando maquetes de barcos e helicópteros num tanque de experiências. Será rastro da tradição manipulatória do protagonista? Resíduo de investigações sexuais infantis? Indício de que mais importante do que o conteúdo sexual, para ele, é a encenação em torno do sexo?

O fato é que a literatura, recalcada pelo cinema, retoma seus direitos dentro do próprio filme, que é também a história de um livro que está sendo escrito, o livro onde o protagonista exorciza os demônios da sua compulsão. É o único livro que ele jamais escreverá, diz o autor à sua editora – uma bela mulher que imediatamente se acrescenta, aliás, ao catálogo das conquistas.

Temos uma duplicidade, assim, entre a trama e o que aconteceu fora dela, pois por alguma razão Truffaut também converteu o sintoma (o seu filme) em romance. Oportunidade preciosa para quem se interessa pela fisiologia tanto da literatura como do cinema, exposta aqui na nudez intermediária de um "cine--romance". Devolve-se assim o mito a quem de direito, cada um de nós: lendo o livro, concebemos o nosso próprio filme: tendo visto o filme, é como se o romance se reescrevesse nas nossas retinas.

Apresentação do livro de F. Truffaut,
O Homem Que Amava as Mulheres.
Tradução de Fernanda Scalzo. Rio de Janeiro: Imago, 1995.

DIANA, PRINCESA DA MÍDIA

Depois de implicar os meios de comunicação num debate de alcance internacional, em que eles foram ao mesmo tempo a parte acusada e o veículo da acusação, a cobertura do acidente que matou a princesa Diana deixou um saldo de convicções líquidas e certas. Nenhuma pessoa de bom senso poderia discordar delas, todo editor se declara empenhado, agora mais do que nunca, em torná-las realidade.

Uma dessas convicções estabelece que a imprensa deve distinguir entre o interesse público e o interesse do público. Aquele compreende os assuntos que dizem respeito à comunidade, seus problemas e valores, seu futuro; este último expressa, sob a forma de fenômeno coletivo, o que não passa de bisbilhotice frívola ou mórbida. Outra convicção é que a imprensa deve traçar uma divisória nítida entre a vida pública e a vida pessoal dos personagens da notícia, em paralelo com a separação proposta no primeiro ponto. Uma terceira garante que a imprensa deve contrapor-se às pressões de mercado porque elas conduzem a uma manipulação crescente da notícia e do público.

Nenhuma dessas convicções é nova, embora tenham assumido, com a morte brutal da princesa, ares de verdade inadiável. Assim como antigamente se falava em indústria do anticomunismo, surgiu uma indústria do antissensacionalismo, cheia de compunção e fúria, empenhada, como a outra, numa cruzada purificadora. Fazendo jus ao estereótipo de seu país, a imprensa britânica protagonizou as cenas de maior farisaísmo, mas uma dúvida fecunda se instalou, bem ou mal, em cada meio de comunicação no mundo inteiro: "O que estamos fazendo está certo?".

Como o estado de dúvida é desconfortável, a tendência tem sido buscar segurança naquelas três convicções, ou em variantes suas, desengavetadas às pressas. Acontece que convicções como as descritas acima não são ponto pacífico, elas dificilmente sobrevivem intactas a um exame crítico e cada uma delas abriga uma falácia, para não dizer uma mentira. Separar o joio do trigo, o interesse público e o interesse do público, faz todo sentido à primeira vista, até nos lembrarmos de que somente jornais como o antigo *Pravda* ou o *Granma*, a publicação oficial do regime cubano, respeitam uma tal regra à risca. Os jornais que alegam adotá-la deveriam começar por suprimir liminarmente suas seções de esporte, de variedades, de turismo, de culinária etc., para se ater à economia política, à cultura "séria" e à... meteorologia, como fazem os diários nos regimes de partido único. Ou seja, trata-se de uma prescrição, sem trocadilhos, para inglês ver, que ninguém – dentro ou fora das redações – está disposto a aceitar a menos que compelido a tanto.

Distinguir a vida pública e a vida privada das pessoas que frequentam o noticiário parece igualmente sensato. Mas a sociedade contemporânea embaralhou os dois papéis, convertendo essa separação, que já tinha muito de formal, numa abstração muitas vezes sem fundamento. A vida pessoal de Madonna, por exemplo, tem presença e efeito tão públicos quanto decisões do Banco Central: influencia comportamentos, determina atitudes, modifica mentalidades. Como ícone, Madonna irradia sentido em todas as direções, e não é um jogo de palavras dizer que no seu caso, embora extremo, vida pública e particular se confundem num mesmo contínuo, com o foco da irradiação localizado exatamente na fronteira fictícia entre ambas.

O melhor que se pode esperar do jornalismo é que ele configure o retrato de uma época tal como percebida pelos contemporâneos, fonte primária do trabalho, menos efêmero, do historiador. Não por acaso, a historiografia atual é marcada pela história das mentalidades, em que prevalece a ideia de que a fachada dos negócios oficiais oculta a vida mais secreta e decisiva das sociedades: os costumes, as crenças, os padrões de consumo, os hábitos do dia a dia. O receituário privatista é provavelmente a manifestação mais restrita, econômica, de um movimento muito mais geral que desloca parcelas crescentes do poder público, organizatório ou repressivo, para o âmbito privado. Assim, temáticas e esferas de atuação tradicionalmente alheias ao debate público estão ingressando nele, ao passo que expulsam inquilinos mais antigos. Para o jornalismo, trabalhar hoje com as oposições convencionais entre público e privado seria equivalente a tentar resolver problemas de mecânica quântica usando as ferramentas da física de Newton.

O modelo contraposto ao da imprensa de mercado, a contrapelo da enorme democratização de acesso à informação que ela propicia, alardeia ser um passo adiante quando o que propõe é uma volta atrás, um retorno ao modelo da imprensa oligárquica, em que os editores exerciam um arbítrio comparável ao de qualquer publicação sensacionalista, e em que o público era reduzido a uma minoria que tivesse suficiente "nível" para ler jornais.

É difícil estabelecer parâmetros fixos e gerais para balizar a atividade jornalística exatamente porque ela atua sobre fenômenos heterogêneos cuja particularidade se estende até o infinitesimal, na tentativa de capturar os acontecimentos em meio ao turbilhão ainda confuso de seu desenrolar. Recentemente, a imprensa brasileira dedicou grande destaque à cobertura de um incidente médico, ocorrido numa clínica de cirurgia plástica, que levou certa modelo famosa ao estado de coma, do qual felizmente veio a se recuperar. À primeira vista, assunto rigorosamente privado. No entanto, havia tanta mitologia implicada no incidente – o preço da fama, o culto ao corpo, os subterrâneos da moda, a estetização das aparências, a impunidade médica – que seria difícil ignorar a dimensão do interesse público do caso.

Mesmo a mais elementar das barreiras, aquela que ninguém coloca em dúvida – não se devem publicar imagens obviamente repulsivas ou horrendas, tais como corpos despedaçados –, não admite aplicação automática. Durante a Guerra do Golfo, por exemplo, uma agência de notícias divulgou, talvez por distração, a foto de um veículo de combate iraquiano incendiado por um disparo da coalizão ocidental; em primeiro plano via-se o corpo do tripulante, carbonizado. Era mais do que chocante. Publicada, porém, a imagem tinha sentido moral, ao "revelar" que também havia sofrimento do lado de lá e que a guerra, mesmo quando parece "limpa", é sempre um pesadelo.

Não se deve concluir que os problemas apontados pelos críticos da imprensa não existam e não sejam graves. Ao abalar as certezas instantâneas suscitadas pelo caso Diana estamos longe de sugerir que não deveria haver normas, limites, padrões. O que pretendemos ressaltar é que as decisões jornalísticas são em grande medida situacionais, dependem do polígono de interesses e valores articulados em torno de cada caso. Todo parâmetro genérico terá de comportar um sem-número de exceções que terminam por desfigurá-lo. O importante é que as demandas do mercado, no mesmo passo em que forem atendidas, sejam colocadas em questão, submetidas às intempéries da controvérsia e da crítica, única maneira de obter uma evolução verdadeira no laço estrutural entre público e meios de comunicação.

Folha de S.Paulo, "Mais!", 5.10.1997

REMEMÓRIAS DE EMÍLIA

Estou condenado a ser o Andersen desta terra.
Monteiro Lobato, 1943

A imagem de Monteiro Lobato (1882-1948) está encoberta por um tipo de fama que mais atrapalha do que ajuda, seja na iluminação dos méritos do autor, seja na leitura atual de sua obra, cujo quadro de referências já vai se tornando longínquo demais para nós. Lobato foi antes de mais nada um agitador de ideias, um polemista agressivo e irreverente que dedicou a vida à missão de denunciar as mazelas do atraso nacional. Pouco dessa efervescência de espírito restou sob a aura convencional, verde e amarela, que lhe imputaram à medida que ele passou a ocupar, nos anos 1950, posição central no sistema escolar brasileiro.

Foi a partir dos anos 1970 que Lobato foi deslocado por uma geração de educadores que submeteu sua obra a uma revisão de cunho "progressista". Influenciados pelo *revival* de Oswald de Andrade e da vertente modernista mais radical, então em curso, esses professores passaram a incriminar Lobato por seu conservadorismo em matéria estética, fixado desde a crítica feroz que ele publicou em 1917 contra a pintora Anita Malfatti. Realçaram-se, ao mesmo tempo, os traços de racismo encontrados nos livros do escritor e que, se o desabonavam junto ao público adulto, tornavam-no proibitivo, segundo aqueles educadores, para as crianças. O amoralismo de Emília, sua maior personagem, voltou a incomodar, só que desta vez não pela insolência crítica da boneca, mas por seu alegado reacionarismo.

Em vez de desfazer a anterior, a nova imagem se combinou àquela para inverter seu sinal: Lobato passou a ser tudo o que ele mais abominara em vida e jamais supôs que a posteridade poderia associar a seu nome, a saber, um autor oficialesco, de panteão, conformista tanto do ponto de vista social quanto ideológico e literário. Como sintoma, talvez, desse ambiente refratário, uma série de brincadeiras malévolas surgiu em torno de sua literatura para crianças, e Lobato – com seu "pó de pirlimpimpim", seus "narizinhos" e "rabicós" – chegou a ser tomado por autor não apenas secundário e ultrapassado, mas francamente ridículo.

Sem prejuízo dos recursos de compreensão mobilizados nessas duas tradições críticas da obra de Lobato, o objetivo aqui será deixá-las em suspenso, atravessar em meio a elas, por assim dizer, na tentativa de voltar por um momento ao texto original de seus livros para crianças. Se existe alguma utilidade em efemérides como a deste ano, ela consiste em permitir esse retorno periódico à fonte, onde cada época reencontra – refaz, na verdade – autor e obra.

Furacão na Botocúndia,[1] recém-lançado perfil biográfico e intelectual de Lobato, parece imbuído dessa abordagem e bem-sucedido ao executá-la. O livro estabelece uma série de correções a respeito da posição do autor no contexto do modernismo dos anos 1920 e extrai, da figura de estátua de bronze, uma fisionomia outra vez de carne e osso. A biografia clássica de Lobato, monumental à sua maneira, é de 1955, escrita pelo amigo e apologista Edgard Cavalheiro;[2] pelo que consta, *Furacão na Botocúndia* é o primeiro trabalho com o mesmo escopo que se publica desde então.

Um dos aspectos que mais se destaca, nas narrativas biográficas, é que a paixão de Lobato pelo empreendimento produtivo, pelo trabalho voltado à multiplicação da técnica e da riqueza, pelo capitalismo, em suma, na sua feição mais intrépida, só encontra paralelo na completa inaptidão do autor para qualquer atividade prática. É como se ele fosse escritor em excesso para que pudesse ser homem de negócios, e vice-versa. Na vida prática, material, Lobato fracassou sucessivamente como fazendeiro,

[1] Carmen Lucia de Azevedo, Marcia Camargos e Vladimir Sacchetta, *Monteiro Lobato – Furacão na Botocúndia*. São Paulo: Editora Senac, 1997.

[2] Edgard Cavalheiro, *Monteiro Lobato – Vida e Obra*. 2 vol. São Paulo: Companhia Editora Nacional, 1955.

como editor de livros, como explorador de petróleo. Têm razão os biógrafos que alegam ter ele deixado, com suas campanhas fulgurantes, sementes que frutificaram, de uma forma ou de outra, mais tarde, quase nunca como ele gostaria (Lobato era contrário, por exemplo, ao monopólio estatal, preferindo que o governo estimulasse o capital privado a explorar ferro e petróleo). Podem ter razão, ainda, quando invocam motivos externos, de força maior, para os fracassos empresariais de Lobato.

Como homem de negócios, no entanto, o escritor parecia preencher um vazio de tino comercial autêntico por meio de uma representação imaginária dessa mesma habilidade, como se fizesse literatura prática, ao vivo. Em sua copiosa correspondência com o amigo Godofredo Rangel, o Lobato empresário aparece invariavelmente frenético, ativo, sagaz, diligente, audacioso – ao menos em suas próprias cartas. Com frequência ele deposita suas certezas em algum achado sensacional, apresentado como solução para todos os males, como o misterioso aparelho Romero para a detecção de lençóis petrolíferos. Seus esquemas são sempre mirabolantes, as expectativas de retorno dos investimentos, sempre formidáveis – até que sobrevém uma conjunção desfavorável e imprevista...

Publicista brilhante, no âmbito da literatura adulta, porém, os empreendimentos de Lobato se esboroaram como se fossem reflexos de suas aventuras no mundo dos negócios. A literatura requer, talvez, um afastamento em face da dimensão prático- -normativa da vida e uma capacidade de criar todo um tecido de intermediações, cerne de sua autonomia, que Lobato, tomado pelo sentido da urgência mais imediata, não podia alcançar. Sua ficção para adultos é aplicada, mas protocolar; seus contos rara vez transcendem o "causo" interiorano, a ansiedade por suscitar efeitos de terror ou humorismo aflorando a todo momento. Pode-se falar, como acerca de tudo o que Lobato escreveu, numa literatura de intenções.

O impasse contido nesse diagrama, que enclausurava Lobato numa zona morta a meio caminho entre vida literária e vida prática, forçando-o a uma atividade tão incessante quanto aparentemente estéril, encontrou seu ponto de fuga na literatura para crianças. Já se observou que essa literatura serviu simultaneamente, a Lobato, como desaguadouro de ressentimentos e suave vingança, implantado na mentalidade das gerações futuras, sobre seus adversários e detratores. O que não foi tão ressaltado é que a literatura para crianças, ao contrário do que parece, está mais próxima da vida prática – dados o seu conteúdo inevitavelmente formativo e suas finalidades não literárias – do que a literatura para adultos; que ela também se encontra suspensa num ponto intermediário entre ação e representação, entre atitude moral e obra de arte.

Vamos, então, ao que mais interessa no caso, que é o Sítio do Picapau Amarelo. Nas primeiras histórias de Narizinho, na década de 1920, o autor ainda experimenta o gênero: as personagens são rígidas, o enunciado é formulístico e a fabulação é quase toda baseada numa glosa bisonha dos clássicos da literatura mundial habitualmente servidos às crianças, de Esopo e La Fontaine a Branca de Neve e Peter Pan. Foi somente na década seguinte, quando o escritor optou por dedicar-se exclusivamente aos livros para crianças, que a estrutura do Sítio se consolidou tal como a conhecemos. A trama perde a frouxidão anterior, torna-se mais magnética e passa a se organizar em redor dos personagens brasileiros, que agora impõem seu ritmo aos empréstimos estrangeiros ou clássicos. Do ponto de vista formal, os caracteres ganham nitidez e colorido, o texto adquire a segurança coloquial que seduziu pelo menos três gerações.

Quais os fundamentos da organização que possibilitou ao Sítio funcionar como um mundo prático-literário à parte, com suas regras e tonalidades cada vez mais reconhecíveis? Como fez Lobato para acomodar tanta pedagogia, na mais alta acepção, sob embalagem tão distraidamente ficcional? São quatro, a meu ver, esses fundamentos. Desde logo, como é comum acontecer no gênero, Lobato eliminou qualquer relação de parentesco direto, seja no corte vertical ou horizontal. Essa providência decorre da percepção de que esse tipo de parentesco gera obrigações, ao contrário da relação indireta com avós, tios e primos, que gera direitos. Em idioma psicanalítico, o Sítio é regido pelo princípio do prazer.

Ao mesmo tempo, nos grandes "romances infantis" da última fase, entre 1936 e 1942, Lobato armou uma estrutura que se poderia chamar de polifônica, em referência à análise de Bakhtin sobre Dostoiévski. Isto é, a posição "pedagógica" do autor se dissolve e se disfarça em diferentes vozes, num sistema em que cada uma corrige, modera e acrescenta algo à outra. Dona Benta, centro de gravidade do Sítio, representa, como é sabido, a cultura humanística ocidental e seus valores de tolerância, liberdade e equilíbrio. Em oposição à matriarca está Tia Nastácia, que encarna não apenas o folclore popular de origem africana e nativa, mas toda uma esfera de sensualidade misteriosa, cujo alcance se esclarece melhor se tomarmos suas realizações culinárias como metáforas sexuais, o que se ajusta ao estereótipo da mucama analisado, no mesmo passo, por Gilberto Freyre.

O Visconde e Emília mantêm relação de antagonismo semelhante, na qual o primeiro, associado sempre à imagem do bolor, traduz a ciência desprovida de espírito, e a segunda – caso invulgar de personagem que rompeu todas as fronteiras que a circunscreviam –, o espírito desprovido de freios. Todas essas personagens são retificadas, por sua vez, pelo casal de primos, Pedrinho e Narizinho. Os dois são o objeto da educação literária de Lobato ao mesmo tempo em que a submetem à prova da realidade, da qual estão mais próximos do que a Emília e o Visconde – oriundos, afinal, do reino inanimado – e do que Dona Benta e Nastácia, duas "velhas corocas", na expressão de Emília.

Por esquemática que seja, essa montagem de vozes funcionou com harmonia e graça, além de propiciar um grau de complexidade incomum no gênero e cancelar, simplesmente, qualquer laivo professoral, monocórdio, que pudesse repontar nos livros de Lobato. Com base nela, o escritor lançou-se com voracidade à absorção, que por suas características só podemos qualificar de "antropofágica", dos mitos disponíveis no universo mental das crianças. O episódio mais exemplar, na afirmação nacionalista de sua própria literatura para crianças sobre as demais, do exterior e do passado, é talvez o combate em que Pedrinho e Peter Pan derrotam o Capitão Gancho, nas *Memórias de Emília*. Em todos os livros, porém, essa atitude de simbolicamente destruir e incorporar a influência que vem de fora ou de longe está presente.

Houve vários modernismos, enfeixados sob a mesma denominação geral e digladiando-se em escolas e manifestos. Houve o modernismo oswaldiano, condensado na teoria antropofágica, mas houve um modernismo folclorizante, um modernismo social e nacionalista e um modernismo por assim dizer coloquial, que visava a depor – e conseguiu – o beletrismo da literatura praticada até então. Essas tendências evidentemente se mesclavam na prática, e Lobato compartilhou de todas elas.

Seu propalado antimodernismo se limitava, na realidade, a hostilizar tão-somente um dos aspectos, ainda que importante, do movimento, qual seja, a experimentação formal. Lobato já tinha 40 anos em 1922 e manteve, até o final da vida, firme oposição a qualquer estilo que não estabelecesse uma conexão transparente entre forma e sentido. Por quê? Não existe, até onde vai meu conhecimento, passagem escrita por Lobato que autorize a interpretação apresentada a seguir, mas ela se cristalizou de modo irrecusável para mim ao longo da leitura de *Furacão na Botocúndia* e da releitura dos principais livros para crianças do autor.

Na concepção de Lobato, o Brasil era vítima de uma indolência atávica. Acompanhando os estudos sobre a formação nacional, que ganhavam grande impulso na época e estão na base da consciência sobre o Brasil moderno, Lobato transitou de um enfoque naturalista dessa indolência, atribuída a fatores raciais e climáticos, ao enfoque sociológico que passou a predominar nos anos 1930, deslocando sua causação para fatores ligados à organização material da sociedade. Nosso autor voltou-se sucessivamente, assim, para o combate das queimadas, depois das endemias do sertão (impaludismo, amarelão, mal de Chagas etc.). O infame Jeca Tatu foi sendo, passo a passo, historicizado, sua condição atrelada à forma de organização da sociedade em lugar de a uma preguiça supostamente inata ou mórbida. Já nos anos 1930, Lobato – sempre à busca de soluções espetaculares – resolve que ferro e petróleo, ícones da energia norte-americana, seriam o antídoto infalível contra nossa indolência, não agora natural, mas histórica.

A ideia, em voga na época, era que o Brasil já perdera tempo demais, fazendo-se urgente adotar providências cirúrgicas, verdadeiros atalhos em direção ao futuro sempre postergado. Para a consecução dessa tarefa, seria necessário mobilizar todas as energias nacionais, inclusive as literárias. Ora, o experimentalismo pelo experimentalismo, ao turvar as relações de sentido, atuava como obstáculo ao progresso; não passava de mais uma importação postiça, que poderia ter sua razão de ser em sociedades já formadas, como as da Europa, não num país onde tantos nexos, inclusive os de sentido narrativo, ainda estavam por ser estabelecidos.

O tratamento "caótico" que a arte abstrata imprime a seus materiais quem sabe revitalizasse culturas de tradição secular e fossilizada; no caso brasileiro, entretanto, o efeito seria desorganizar o pouco que havia sido acumulado de maneira orgânica, autêntica e não artificial. Comentamos três das âncoras literárias do Sítio, mas dissemos que elas seriam quatro: falta Emília, a grande criação ficcional de Lobato, apta a figurar – pelo que irradia de vivaz, de original, de surpreendente e engraçado – na galeria das personagens femininas marcantes da nossa literatura.

Na juventude, Lobato foi leitor de Nietzsche – "a maior bebedeira de minha vida", escreveu ele. Emília é apontada como fruto remoto dessa leitura, bem como de Schopenhauer e Spencer, autores também prediletos de Lobato. A "filosofia" de Emília é com efeito uma diluição pitoresca do pensamento desses escritores. O mundo é um "come-come danado", um embate cego e sem trégua de forças que visam predominar sobre a morte, sobre as adversidades da natureza e umas sobre as outras. A lei da vida é a lei do mais forte, ou do mais inteligente, capaz de embair o mais forte.

Tantas vezes acusada, desde logo por seus próprios companheiros de aventuras, de ser amoral, egoísta e autoritária, Emília não se dá ao trabalho de contestar essas denúncias, mas situa a verdadeira moral num plano diferente, para além das normas e convenções, dos belos propósitos e de todo sentimentalismo. A verdade nua e crua é a base da sua moralidade, o sentido de estar no mundo é agir em prol dos próprios interesses e o melhor que pode ocorrer é que os fracos aprendam a ser como os fortes. Daí o conflito permanente, que às vezes assume tons ásperos, entre ela e Dona Benta, aferrada esta última a princípios invariáveis que repelem o relativismo moral da boneca. Para Emília, dependendo do caso concreto, os fins justificam, sim, os meios.

Apesar de sua invejável vitalidade prática, Emília é um ser eminentemente linguístico; a personagem mesma se constitui quando, por efeito das pílulas do Dr. Caramujo, desata-se "a célebre torneirinha de asneiras". E o procedimento básico de Emília, seu modo de subversão por excelência – ainda um eco de leituras nietzscheanas? – é desmascarar as palavras. Ela explora o trocadilho, o duplo sentido, o falso cognato até os extremos do *nonsense*, transmitindo ao pequeno leitor uma noção ao mesmo tempo lúdica, instrumental e prática da linguagem. Dito de outra forma, Emília desmonta a correspondência entre palavras e coisas, mostrando que a língua se presta a diferentes usos que dependem de contexto e posição. Predominante, por razões óbvias, em *Emília no País da Gramática*, esse comportamento da boneca é uma constante nos demais livros. Note-se que idêntico procedimento é adotado em relação às ideias, que Emília manipula como às palavras.

Mais do que em qualquer outra personagem, na Emília estão plasmados o senso de pressa utilitária de Lobato e a tática do "atalho", do salto que passa por cima das normas e instituições para ir diretamente ao que importa. Não seria impossível associá-la, feitas todas as ressalvas de praxe, às tentações do desenvolvimentismo autoritário que se tornaram frequentes entre os anos 1930 e o regime militar instaurado em 1964. Por essa ou por outra razão, Lobato, que foi molestado e passou três meses na cadeia durante o Estado Novo, escreveu dois livros aparentemente destinados a corrigir Emília, *A Chave do Tamanho* – talvez o melhor de todos – e *A Reforma da Natureza*.

O primeiro é um libelo pacifista em que uma "reinação" de Emília encerra a Segunda Guerra Mundial ao preço de quase destruir a civilização humana, provocando de permeio centenas de milhares de mortes. No segundo, a personagem empreende sua prometida reforma do mundo natural, o que acarreta consequências de tal modo desastrosas que a própria boneca admite, uma vez na vida, ter errado. Como o sistema pedagógico de Lobato tende ao equilíbrio entre as diversas tensões parciais, é funcional que Emília se depare enfim com parâmetros.

Emília é também o principal veículo dos insultos dirigidos contra Nastácia e que valeram ao autor, juntamente com o romance adulto *O Presidente Negro*, a reputação de racista. Para a sensibilidade contemporânea, essa reputação é merecida. Ela não deveria justificar, porém, o veto dissimulado que se abateu sobre a literatura para crianças de Lobato, a menos que estejamos dispostos a colocar no mesmo índex a maioria dos autores que escreveram antes dos anos 1960-70 entre nós.

Lobato poderia argumentar, em seu favor, que a inferioridade de Nastácia é quase sempre remetida à falta de estudo, não à condição étnica, de resto tratada com a tradicional condescendência do paternalismo brasileiro. No final de *A Chave do Tamanho*, porém, quando os líderes do planeta deliberam eleger um árbitro para concertar a paz mundial, sua escolha recai sobre Dona Benta e Tia Nastácia, que tão bem sabiam governar o Sítio juntas – não apenas sobre a primeira, como seria de esperar. E não custa ressaltar que os dois tipos fabulosos do Sítio, a Emília e o Visconde, símbolos, respectivamente, da inteligência livre e da aplicada, são produto do trabalho de Nastácia, que os faz e refaz com as mãos.

Há outro ângulo, no ensejo do cinquentenário da morte do escritor, que merece menção. É que a figura de Monteiro Lobato está fortemente ligada, às vezes por conta de inexatidão histórica, como assinalamos quanto ao monopólio estatal, a um modelo de desenvolvimento que a década de 1990 viu exaurir--se. Lobato foi um dos protagonistas da constituição ideológica desse modelo, sobretudo em sua origem, no período entre as guerras mundiais, que coincide com o apogeu de sua militância panfletária.

Em largos traços, esse modelo corresponde à doutrina e à prática do tenentismo, o movimento que impulsionou a conversão do Brasil arcaico em moderno. O pressuposto essencial às diversas correntes tenentistas era a noção de que o Estado deveria substituir, ainda que temporariamente, o déficit de organização e de iniciativa econômica da sociedade. Muito cedo o movimento dividiu-se, porém, em dois campos opostos, submetidos ao confronto ideológico internacional entre direita e esquerda, que seguiram combatendo-se na esfera doméstica até o desenlace de 1964.

Temperamento por demais indócil para sujeitar-se a disciplinas partidárias, espírito prático que não ligava grande importância à escolástica das ideologias, Lobato não se incorporou a nenhuma delas, mantendo-se ecleticamente fiel à alquimia de seus achados obsessivos, do petróleo ao biotônico Fontoura. No confronto entre direita e esquerda, entre fascismo e comunismo – até mesmo entre nativismo e europeísmo no âmbito do debate cultural interno –, a trajetória de Lobato descrevia uma tangente cujo ponto de fuga era o exemplo da civilização norte-americana, que ele estudou como um Tocqueville caipira ao desempenhar as funções de adido comercial em Nova York entre 1927 e 1931. Em meio aos santos de seu altar (ele era ateu ou agnóstico, aliás), a mesma posição que Nietzsche ocupava no plano das realizações mentais estava reservada a Henry Ford no plano da vida material. O prestígio universal de que a cultura americana desfruta hoje em dia é outra porta de atualização da obra de Lobato.

Incrédulos em face da persistência da miséria social no Brasil, que parece ter recuado tão timidamente desde a época de Lobato, e ressurgido ao mesmo tempo sob configurações perversamente "modernas", somos tentados a considerar a missão que o tenentismo se atribuiu como uma coleção de sonhos frustrados e de erros – quando não de crimes – históricos. Não é bem assim. Redondamente fracassado, sem dúvida, quanto às promessas de resgate social e humano da maioria da população, o movimento cumpriu os objetivos de industrializar e urbanizar o país, numa experiência que, do ponto de vista do crescimento material, é um dos êxitos do século.

Liquidadas as contas, o que sobra no saldo da literatura para crianças de Lobato? Do ponto de vista da linguagem, ele contribuiu como poucos para erradicar o preciosismo contra o qual se debatem até hoje nossos vizinhos latino-americanos, para não mencionar a matriz portuguesa. Do ponto de vista do imaginário, ninguém pode negar-lhe a glória de haver criado um mundo paralelo de referências e citações populares, hoje em desuso, mas análogo ao de Lewis Carroll na cultura de língua inglesa, que extravasa o circuito literário para ressoar nas escolas, nas casas, na intimidade e na fala diária.

Teria sido o primeiro autor brasileiro a tratar as crianças como seres pensantes, capazes de ponderar sobre assuntos "sérios" e juízos contraditórios a fim de formar convicção própria, se não houvesse sido, antes, simplesmente o primeiro escritor que se dedicou a elas. Bastariam essas razões para que lhe fosse confirmado o epíteto de clássico, num país onde eles não são frequentes a ponto de se dispensarem com um "piparote" – como ele próprio diria.

Folha de S.Paulo, "Mais!", 28.6.1998

INTRODUÇÃO À HISTÓRIA SENTIMENTAL DO TUCANATO

É difícil captar o retrato de uma era quando ela ainda está em curso. Mais ainda num momento como este, quando o limiar simbólico que separa o primeiro mandato fernandino do segundo coincide com uma mudança de rumos que todo mundo pressente que será importante, sem saber exatamente em que sentido. Vamos deixar o que está por acontecer de lado, já é desafio bastante "prever" o passado, ou seja, tentar descobrir como ele poderá ser interpretado no futuro.

Em meio ao turbilhão dos fatos, duas ideias foram onipresentes nos últimos quatro anos. A primeira delas, conhecida de todo leitor habitual de jornais, é a de que governar é um "processo". A teoria do "processo" tem funções múltiplas. Ela indica que a margem de arbítrio do governo se estreitou, seja porque aumentou a dependência do país em relação ao jogo de forças internacional, seja porque se esgotou, no âmbito interno, a tolerância para com as estripulias voluntaristas que se estenderam desde o Cruzado (1986) até a gestão Collor (1990-92).

Ao mesmo tempo, a ideia do "processo" permite conciliar um aspecto democrático (o governo seria apenas um parceiro da sociedade) e um aspecto antidemagógico (o governo não promete mundos e fundos, pelo menos não para amanhã). O trauma do *impeachment* colocou em moda um estilo "primeiro-mundista", presumivelmente maduro, sóbrio e sem sobressaltos, de administrar. Este é um governo de sociólogos e economistas, acostumados a pensar de forma nuançada, nem preto, nem branco, mais afeitos à morosidade das estatísticas do que a rompantes de populismo.

A outra ideia está contida numa expressão igualmente famosa nesses anos, os "emergentes". São chamados de emergentes os ex-miseráveis – orçados em 15 milhões de pessoas –

que, mercê do Plano Real, ingressaram no mercado de consumo; são emergentes tanto a neossocialite Vera Loyola quanto o público que impôs o fenômeno de audiência do programa de TV do Ratinho; são emergentes, e aliás representam um gigantesco movimento de ascensão social, as seitas protestantes da "teologia da prosperidade"; é emergente o ultranarcisismo da revista *Caras*. Todos eles representam um pedaço da sociedade que de fato entra, aos trancos e barrancos, no mercado, seja o do dinheiro ou o da influência, mas emergentes são também os que não submergiram no salve-se quem puder de uma sociedade desigual que de repente é submetida aos rigores de um regime altamente competitivo, em que o sucesso material é a única coisa que vale.

Emergente foi, à sua maneira discreta, o próprio tucanato. Hoje senhores do *establishment*, paparicados por banqueiros e frequentadores de salões suntuosos, eles eram jovens intelectuais e tecnocratas de esquerda há cerca de 30 anos. A esquerda, então, estava dividida em dois grandes ramos. Um deles, associado às teses do Iseb [Instituto Superior de Estudos Brasileiros] e do Partido Comunista Brasileiro, propalava a fórmula do nacionalismo burguês-popular, para usar a terminologia bizantina da época. Industriais e operários tinham interesses estratégicos em comum que os opunham em bloco tanto ao capital estrangeiro, dito imperialista, como à propriedade latifundiária e retrógrada.

A outra corrente, revolucionária, apegada ao precedente castrista, apontava para a associação crescente entre capital externo e burguesia nacional como fundamento da conclusão de que os "setores populares" eram empurrados para um dilema: pauperização crescente ou revolta armada. O que havia de *sui generis* na posição do futuro tucanato, na época, é que ela divergia de ambas as correntes.

Os futuros tucanos concordavam que o regime militar tocava o réquiem da aliança burguesia-operariado, que fora o esteio do pensamento nacionalista nos anos 1950. Discordavam dos grupos pró-luta armada, porém, quando identificavam na nova aliança, entre multinacionais, Estado militar e empresariado nacional, não uma fonte de atraso e recolonização, mas a alavanca de um novo surto de crescimento econômico e relativa melhora dos padrões de vida da população em geral.

Vem daí a posição híbrida de Fernando Henrique Cardoso e seus amigos. Do ponto de vista teórico, tinham mais identidade com os extremistas, que apregoavam a falência da fórmula populista, de conciliação entre as classes que vieram à luz com a industrialização. Do ponto de vista prático, no entanto, estavam mais próximos da esquerda reformista e descriam cada vez mais da ideia de que uma ruptura revolucionária fosse factível, se é que era desejável. Essa é a chave da conversão dos tucanos de uma posição de esquerda para uma atitude "realista", "moderna" ou "razoável", conversão que a reviravolta dos anos 1980 na geopolítica internacional veio tornar surpreendentemente rápida e indolor. Fernando Henrique merecia ter dito, com efeito, a frase que ele tanto nega, "esqueçam o que escrevi", quando relemos passagens, por exemplo, da sua interminável contenda com Rui Mauro Marini, teórico radical, cada um tentando se provar marxista mais "consequente" que o outro.

A cem quilômetros da cidade de São Paulo, num platô próximo a Sorocaba, há uma represa construída pela Votorantim em cujas margens surgiram casas de campo de arquitetos, sociólogos e executivos progressistas. É um lugar insólito, quase sempre frio e ventoso, onde chama a atenção que o céu e a água são da mesma cor de chumbo. Muita madeira e vidro, as casas são feitas no estilo rústico-elegante dos anos 1970. Foi numa dessas chácaras particulares que o grupo de Fernando Henrique celebrou, seguramente em meio a queijos e vinhos, o até hoje malconhecido "Pacto de Ibiúna", pelo qual o príncipe da sociologia saiu candidato à suplência do Senado na chapa de Franco Montoro (o inventor do cognome "tucanos"). Era 1978.

A campanha galvanizou estudantes, intelectuais e uma miríade de grupos de contestação, de feministas a ecologistas. Em 1982, Montoro se elegeu governador, e o grupo, agora equipe, foi com ele para o governo, enquanto Fernando Henrique ia para o Senado, onde o ex-professor da Sorbonne, de Princeton e de Yale voltaria aos bancos escolares. Seus dois professores de *Realpolitik* foram Ulysses Guimarães e Tancredo Neves. Do primeiro ele terá aprendido a conciliar aliados hostis entre si, beneficiando-se das desavenças. Do segundo, que um terço da política, talvez, consista em agir por omissão (arte na qual o grande mestre entre nós foi Getúlio Vargas), a jogar parado, como se diria em futebol.

Pouco antes de ser batizado como PT, em 1980, o partido de Lula quase surgiu como Partido Popular (sigla que depois seria a de Tancredo, embrião do PFL), numa aliança com os prototucanos que talvez houvesse mudado os destinos do país. Mas os destinos do tucanato e da esquerda já estavam dissociados. O sucesso veio para o grupo de Fernando Henrique, mas não de forma retumbante – exilados em seu próprio Estado pelas sete pragas da dupla Quércia-Fleury, eles quase entraram na canoa de Collor, e o senador-sociólogo chegou a cogitar, dizem, de desistir da política.

Numa das evidências mais enfáticas do formidável peso que o acaso tem na política, eis que um amigo abilolado de Fernando Henrique vira presidente da República da noite para o dia, briga com três ministros da Fazenda e implora, em meio à hiperinflação, pela ajuda do antigo colega de MDB e de Senado, que se torna seu primeiro-ministro na prática. Caso único em nossa história, o empreendimento eleitoral de FHC não veio a cavalo de uma onda irresistível de fora para dentro do Estado, como nas eleições de Getúlio (1950), Juscelino (1955), Jânio (1960) e Collor (1989), mas, ao contrário, foi gestado tecnocraticamente dentro do Estado, na forma do Plano Real, de onde emergiu para empolgar o apoio da sociedade, consagrado na sua eleição para a presidência em 1994.

Culturalmente, os anos tucanos têm sido uma época de "desacontecimentos", em consonância com a teoria do processo: não houve traumas, nem rupturas, nem manifestos, nem, aparentemente, obras-primas. Há uma crescente mercantilização de esferas ainda há pouco relativamente imunes à mercadoria, como a religião, a universidade, a mídia, a própria política eleitoral e, até certo ponto, a vida pessoal-afetiva, mas isso é fenômeno muito mais geral, que ultrapassa o tucanato em escala, porte e duração.

De certa forma, a atmosfera cultural se desprovincianiza, se tomarmos como índice do que é provinciano a tradicional divisão entre uma cultura de extração europeia, feita e consumida por poucos, e uma cultura de tipo popular, tradicional e folclórica. Ambas perdem espaço para uma terceira modalidade de cultura, produzida em circuito industrial, regulada pelas forças de mercado e baseada na massa de consumidores jovens e urbanizados. Essa cultura é capaz de absorver a inovação, desde que domesticada de acordo com padrões de um gosto médio e redundante.

Ao mesmo tempo, a disseminação das regras do jogo capitalista funciona como pressão constante tanto no sentido de melhorar a qualidade técnica média do que se produz na economia e na cultura, quanto no de disciplinar condutas. Ocorreu uma intensa codificação da vida pessoal nos últimos anos: antitabagismo, cinto de segurança, doação de órgãos, regulamentação do aborto legal, extinção do crime de adultério, repressão ao de assédio, legislação ecológica, avaliação universitária etc.

Essa mesma pressão, no entanto, força a homogeneização dos produtos simbólicos e dos comportamentos, aplainando os relevos de uma identidade nacional que ainda estava em gestação e que hoje se vê mutilada pela sôfrega imitação dos padrões norte-americanos.

Folha de S.Paulo (Caderno Especial), 9.10.1998

ILÍADA ENTRE LEIGOS

Muitos livros são considerados clássicos, mas a *Ilíada* é, ao lado da *Odisseia*, o clássico dos clássicos. Compostos no século 8 a.c. por alguém que os antigos chamavam de Homero, os dois poemas são considerados o ponto de partida da literatura ocidental e serviram como cartilha de toda a educação humanística desde a Antiguidade até mais ou menos a Primeira Guerra Mundial, quando o estudo do grego confinou-se aos departamentos especializados.

Ao nos aproximarmos, cheios de reverência, de um texto assim, quase sempre esperamos encontrar um mundo de formulações tanto vagas como rígidas, congeladas em mármore – e quase sempre nos surpreendemos com a vivacidade, com o colorido vibrante do original. Entrevemos o selvagem, o original e o inesperado que ainda palpitam sob a consagração do clássico. É o caso da *Ilíada*. Para ilustrar o ponto, vale reproduzir o desenlace de uma das incontáveis cenas de combate que pululam entre os 16 mil versos do poema, aquela em que o rei de Creta, Idomeneu, golpeia o troiano Erimante (Canto 16, versos 345 a 350):

> O bronze cruel justamente na boca enterrou de Erimante
> Idomeneu, trespassando-lhe a lança comprida a cabeça
> e indo por baixo do cérebro a ponta de bronze, que os brancos
> ossos lhe quebra, bem como inda os dentes; os olhos se lhe enchem
> de negro sangue, que jorra abundante das fauces abertas
> e das narinas. A nuvem da morte envolveu o guerreiro.[1]

[1] Trad. de Carlos Alberto Nunes. Rio de Janeiro: Ediouro, 1996.

O tom empolado da tradução não oculta o gosto quase sensacionalista pelo pormenor horripilante. Nietzsche observou que Homero, dado como cego pela tradição, é o mais visual dos poetas. Sua tendência a exibir detidamente todos os planos da narrativa em cada aspecto isolado, não importa se prosaico ou tétrico, faria parte daquela propensão a nada deixar "na penumbra ou inacabado", que um crítico posterior, Erich Auerbach, definiu como o cerne de seu estilo. O primeiro impacto da *Ilíada* sobre o leitor leigo e desavisado será o de seu extremo detalhismo visual-auditivo.

Cravadas nas vísceras dos combatentes, as lanças ainda fremem ao ritmo das últimas pulsações cardíacas; quando os corpos desabam, o poeta relata o clangor das armaduras de bronze e a poeira que o choque levanta; olhos são arrancados das órbitas, braços dos soquetes de osso, cada morte se apresenta em medonha particularidade. A guerra em Homero nada tem da serenidade que julgaríamos encontrar num "clássico". Embora haja hiatos de artificialismo, em que os heróis lançam imprecações e às vezes até discorrem, em plena batalha, sobre a própria genealogia (quando não trocam cortesias marciais...), em regra os enxames de soldados se combatem furiosamente e às tontas, empurrados pelo terror em meio ao caos.

Pense na sequência inicial de *O Resgate do Soldado Ryan*, de Steven Spielberg: apesar das diferenças tecnológicas, a atmosfera do campo de batalha em Homero se parece com ela, e consta que uma recente edição americana da *Ilíada* trazia na capa, com efeito, uma imagem do desembarque aliado na Normandia. Na precisão narrativa da *Ilíada* e da *Odisseia*, no seu carrossel de cenários, na técnica de sempre "mostrar" o que está sendo narrado, no predomínio das cenas de ação física, temperadas no entanto por intervalos domésticos e intimistas, na maneira de complicar e resolver o argumento – em todos esses traços somos tentados a identificar um substrato "cinematográfico" em Homero.

Claro que por meio desse anacronismo é o clássico quem nos prega uma peça, pois cada época vê o que quer (ou pode) em Homero. Não é que o poeta tenha inventado uma linguagem que antecedesse em 27 séculos o equipamento técnico capaz de realizá-la, mas somos nós, ao contrário, que só podemos "acessar" o poema por meio dessa linguagem, não por acaso a nossa. Uma maneira de definir um clássico é dizer que sua compreensão nos escapa justamente quando pensamos tê-la atingido. Sabemos que o clássico tem validade e aplicação universais, a história nos dá testemunho suficiente disso, mas estamos condenados a percebê-lo do ângulo acanhado da nossa própria época. O que não significa que as épocas não "dialoguem" em torno dos clássicos, nem que esse "diálogo" não seja intrincado e fecundo, resvalando muitas vezes para contendas minuciosas e nem por isso menos ásperas, sobretudo no caso da exegese de Homero, fruto do mais venerável e antigo dos sacerdócios universitários. Nesta leitura amadorística da *Ilíada*, passemos ao largo de tais batalhas literárias como o faria o mais poltrão e inepto dos hoplitas, dedicando-nos a amenidades vedadas ao estudioso.

É plausível que um grego antigo considerasse as narrativas de um herói que não consegue parar de fumar (*A Consciência de Zeno*), de outro que se vê convertido em inseto (*A Metamorfose*) e de ainda outro que mata um estranho na praia por conta do calor sufocante (*O Estrangeiro*) como respectivamente idiota, absurda e frívola. Poderíamos retribuir a adjetivação quando confrontados com o entrecho, descarnado de poesia e aura, da *Ilíada*. Nossa época é economicista o bastante para acreditar que o mito do rapto de Helena por Páris não passa de abreviatura poética de toda uma economia geográfica, a do mar Egeu – o Mediterrâneo dos gregos –, cujo comércio eles passaram a controlar nos séculos subsequentes à Guerra de Troia, provavelmente em resultado dela.

Não falta materialismo na *Ilíada*; qualquer impasse se resolve mediante um bom resgate em metal, e quem dá o exemplo são desde logo os deuses, sempre volúveis nas suas disposições, aplacados sempre por oferendas, como é próprio do politeísmo. Mesmo assim, e sem embargo das relações de poder subjacentes, o móvel aparente das ações fica no domínio do imaterial, vinculado a questiúnculas de primazia, honra, orgulho, castidade etc. É por vaidade ferida que Agamêmnon, comandante em chefe dos gregos, provoca o afastamento de Aquiles, que tão nefastas consequências teria sobre o exército invasor, no episódio pelo qual começa a *Ilíada*. É pelo mesmo motivo que Aquiles e suas tropas assistem impassíveis ao massacre de seus compatriotas na investida de Héctor contra os navios gregos – quando Aquiles volta à batalha, é somente para vingar o amigo Pátroclo, morto pelo príncipe troiano.

Para onde quer que o leitor de hoje se volte, na *Ilíada*, o que ele depara é um espetáculo de ações impregnadas de brutal vitalidade, quase aberrantes na exaltação da ira, do egoísmo cru, do direito do mais forte, de tudo, enfim, que aprendemos a abominar. O véu do "clássico" ocultava que essa é uma sociedade pagã.

Os deuses são, para os antigos gregos, o que seriam as criaturas humanas caso dotadas de vigor e beleza perenes, além de extraordinários. O resultado é que, se a luta entre mortais, embora animada também pelo que parecem ser tolas veleidades, é terrível pelas consequências irreparáveis (era isso, talvez, o que Eurípides invectivava nos deuses), entre os imortais ela não passa de um jogo inconsequente, às vezes ostensivamente cômico. Com o propósito de distrair a atenção de Zeus, por exemplo, sua mulher Hera capricha na toalete e logra seduzi-lo, o que não é pouco em se tratando de casamento tão burocrático e de marido tão concupiscente. Em outra cena, a mesma Hera se engalfinha com Ártemis, toma-lhe a célebre aljava e espanca a colega com ela.

A Zeus agrada ver seus pares divididos, empenhados num e noutro lado da refrega. Toda cautela política seria pouca, de fato, no caso de família com os péssimos antecedentes da sua, em que o assassinato (a começar dele próprio, parricida confesso), a perfídia e a baixeza são matéria cotidiana. Zeus pende para os gregos, mas tem descendentes em ambas as fileiras, mercê de sua ecumênica atividade sexual. Hera e Atena, a quem o troiano Páris recusara o prêmio de beleza para outorgá-lo a Afrodite, têm boas razões para militar pelos gregos; Posêidon, frustrado em alguma prerrogativa de que se julgava credor, também. Infelizmente para Troia, as divindades que se alistam a seu lado – Afrodite, Apolo, Ártemis, Ares – mostram-se negligentes, a ponto de Apolo, sempre *blasé*, chegar a dizer (Canto 21, verso 467):

> Da dura guerra abstenhamo-nos; que eles (homens), apenas, combatam

Pode-se presumir que a *Ilíada*, com todo seu escotismo adulto, corresponderia melhor a certa inclinação do leitor masculino, ao passo que a *Odisseia*, narrativa de um sujeito que as mais fantásticas peripécias marítimas não distraem da ideia fixa de voltar ao regaço da esposa, seria mais do agrado das mulheres. Assim como Odisseu é o protagonista daquele poema, Aquiles é o herói inequívoco da *Ilíada*, ainda que ele permaneça eclipsado durante a maior parte da trama. Em contraste com sua disposição atlética, impulsiva, Aquiles é estranhamente um melancólico. Houve quem sugerisse que esse estado de espírito seria indício do crepúsculo da idade heroica, em via de ser substituída pelo "calculismo burguês" de Odisseu. Nunca atinamos bem o porquê de Aquiles, tão favorecido pelo próprio DNA quanto pelos deuses, descendente direto, aliás, de um deles, viver imerso em melancolia para nós "hamletiana" (da mesma forma que nos soa "learesca" a humilhação final do rei Príamo), resumida nesse solilóquio (Canto 9, versos 410 a 416):

> Tétis, a deusa dos pés argentinos, de quem fui nascido,
> já me falou sobre o dúplice Fado que à Morte há de dar-me:
> se continuar a lutar ao redor da cidade de Troia,
> não voltarei mais à pátria, mas glória hei de ter sempiterna;
> se para casa voltar, para o grato torrão de nascença,
> da fama excelsa hei de ver-me privado, mas vida mui longa
> conseguirei, sem que o termo da Morte mui cedo me alcance.

No mito de Aquiles, a aniquilação das aparências é a triste condição para que o fluxo da vida siga seu curso infatigável, mas ao olho treinado pela psicanálise não passaria despercebida, anacronicamente de novo, a clamorosa sintomatologia do herói, seu luto exacerbado, sua incapacidade de moderar os próprios ímpetos, seu desmesurado apego a um amigo (mais velho, não mais jovem como se pretende que Pátroclo seja) e à indefectível mãe superprotetora.

Mas de um ponto de vista "moderno" o verdadeiro herói da *Ilíada* é Héctor. Somos capazes de atribuir fumaças de cristianismo a esse príncipe, filho, marido e pai exemplar, que sem alarde censura Páris e Helena por sua conduta leviana; que protagoniza a célebre cena de amor familial em que se despede da mulher, Andrômaca, e do filhinho; que se porta com austera temeridade na guerra, o único, talvez, que está ali para cumprir uma obrigação e não para enriquecer, vingar-se ou envaidecer-se; que se limita a proteger sua cidade atacada por um exército estrangeiro; e que finalmente se oferece em holocausto a um inimigo mais forte, louco por vingança. Zeus cogita salvá-lo, mas Atena adverte que o homem é mortal, estando seu destino fixado, e o rei dos deuses lava as mãos exatamente como Pilatos na tradição cristã.

Enraizados em nosso profundo, inamovível anti-heroísmo, nem é preciso ressaltar que estamos igualmente distantes seja da tradição pagã, seja da cristã. Embora sejamos nominalmente cristãos, não é porque os homens hoje em dia portam pastas em vez de escudos que eles não se dilaceram em Wall Street como diante das muralhas de Troia, ainda que o façam de maneira menos cruenta. O homem é sempre igual a si mesmo, essa é uma das conclusões do leitor anacrônico de Homero, ainda quando o seu ponto de vista provém de uma época utilitária, como a nossa, em que prevalecem os critérios destinados a assegurar o maior prazer médio em meio ao menor sofrimento médio.

Nem mesmo esse leitor filisteu sairá desapontado da *Ilíada*. Assim como Tolstói se interrompe em meio aos romances (o que é *Guerra e Paz* se não mais uma paródia da *Ilíada*?) para ministrar verdadeiras aulas sobre equitação, diplomacia e agrimensura, Homero oferece todo um compêndio prático de carpintaria, navegação, medicina militar, metalurgia e até culinária, do qual destacamos, pela utilidade prática e em louvor do jornalismo de serviço, a seguinte receita de churrasco caseiro (Canto 9, versos 205 a 215):

> Obedeceu, logo, Pátroclo, às ordens do amigo dileto.
> E, junto ao lar colocando uma grande e vistosa travessa,
> lombos pôs nela de cabra e de ovelha de velo nitente,
> e o dorso inteiro de um porco selvagem, com muita gordura.
> Automedonte o auxiliava; ele próprio as porções determina.
> Logo os pedaços retalha e nas postas espetos enfia.

Pátroclo, igual a um dos deuses, prepara uma grande fogueira;
e, quando a lenha ficou toda gasta e o braseiro apagado,
a cinza quente espalhando, assadores sobre ela coloca.
O nobre Aquiles, depois, espalhou sal divino na carne.
Quando toda ela ficou bem assada, nos pratos a deita.

Folha de S.Paulo, "Mais!", 25.4.1999

Agradeço a Paula da Cunha Corrêa, do departamento de letras clássicas e vernáculas da USP, pelas sugestões de leitura e correções neste texto.

CONTRA A CENSURA PRÉVIA

Em maio de 1642, quando a Guerra Civil era iminente, o poeta inglês John Milton (1608-74) casou-se com uma garota de 17 anos, Mary Powell, originária de uma família leal ao rei Carlos 1º. O casamento terminou depois de um mês, quando Mary fugiu para a casa dos pais em Oxford. Em agosto começou a guerra entre o rei "papista" e o Parlamento. No ano seguinte, Milton publicou um panfleto em que propugnava pela admissão do divórcio não apenas nos casos de adultério, mas também em consequência do que hoje chamaríamos de "incompatibilidade de gênios".

O panfleto causou escândalo e serviu de pretexto à aprovação, pelo Parlamento, de uma lei que estabelecia a censura prévia de qualquer impresso. A *Areopagítica* (1644), que aparece agora em edição bilíngue,[1] é a petição na qual Milton solicita ao Parlamento que revogue a medida. O futuro autor do poema *Paraíso Perdido* era um *scholar* protestante que chegaria a ser o encarregado da correspondência diplomática do governo republicano de Cromwell. Ele não se opunha à queima de publicações blasfemas (leia-se católicas), nem à execução de seus autores. Seu argumento é contra o caráter prévio da censura.

Se um caso de divórcio deu origem à *Areopagítica*, outro havia deflagrado o protestantismo inglês. Na Alemanha, a Reforma serviu de instrumento para que cidades e principados se emancipassem do império dos Habsburgos. Na França os católicos derrotaram os protestantes. Na Inglaterra, porém, a Reforma foi feita "de cima para baixo", obra do próprio rei, Henrique 8º, interessado por razões diplomáticas e sucessórias em obter o divórcio de Catarina de Aragão, que lhe era negado pelo papa.

[1] Trad. de Raul de Sá Barbosa. Rio de Janeiro: Topbooks, 1999.

O protestantismo inglês, por isso, esteve dividido em dois campos: os anglicanos, herdeiros da reforma conservadora de Henrique 8º, e os puritanos, calvinistas radicais com inclinações democráticas. No começo do século 17, azares dinásticos fizeram a sucessão recair sobre o ramo escocês e católico da família real. Foi preciso executar um rei e depor outro até que o Parlamento afirmasse seus poderes e entregasse a Coroa a um príncipe protestante (e holandês!), Guilherme de Orange, na Revolução Gloriosa de 1688, estabelecendo ampla liberdade de religião e de imprensa, exceto para os católicos.

A *Areopagítica* não é leitura imprescindível, nem palpitante. É surpreendente, no entanto, que todos os argumentos modernos em favor da liberdade de expressão já apareçam no texto de Milton, onde podem ser colhidos não depois de longa decantação, mas no nascedouro, em meio à conflagração de uma guerra civil. A difusão das técnicas de reprodução mecânica da escrita era relativamente recente, e os diversos governos tentavam mantê-la sob controle, já que livros, como ressalta Milton, "podem dar nascimento a homens armados".

No panfleto, ele procura mostrar que a Antiguidade clássica, até por causa dessa lacuna tecnológica, não conheceu a censura prévia. Platão, eterno inspirador de correntes autoritárias, defendeu a tese, mas Milton comenta, de maneira um tanto capciosa, que o filósofo pensava no mundo ideal de sua República, não no mundo concreto em que "o bem e o mal crescem juntos [...] e o conhecimento do bem está de tal forma envolvido e entrelaçado com o conhecimento do mal".

Quem inventou a censura prévia, diz Milton, foi a Inquisição católica. Sendo os seres humanos livremente admitidos no mundo ao nascer, pergunta ele, por que não os livros, que contêm "vida em potência"? Se o receio é o de que a infecção da impiedade se alastre, então seria coerente proibir todos os livros, a começar da *Bíblia*, repleta de sacrilégios e controvérsias. Ora, o mal se aprende perfeitamente sem livros. Além disso, como confiar no discernimento dos censores, cuja capacidade intelectual estará aquém, ao menos em muitos casos, da de suas vítimas? E conclui: "Admito que o Estado me governe, mas não que seja meu crítico".

Também por razões práticas a censura prévia é *vain and fruitless* (vã e inútil): há livros em parte bons, em parte maus; para certos leitores bons, para outros, maus. Rompido o dogma católico, admitida a primeira fratura na interpretação do Evangelho, a verdade se espatifou em mil pedaços, de modo que "só com muitos cismas e dissidências talhadas na pedra e na madeira será possível erguer a casa de Deus".

Milton já advogava algo próximo da concepção contemporânea que toma a liberdade de expressão antes como prerrogativa de quem lê do que de quem se expressa, como direito difuso, portanto, em que a somatória das opiniões em conflito é protegida como patrimônio público inviolável, uma espécie de biodiversidade mental. Ele afirma que submeter a Inglaterra à censura prévia é como constrangê-la a um bloqueio marítimo que "obstrui e retarda a importação da nossa mais rica mercadoria, a verdade". Que verdade e impostura se digladiem, diz ele, pois "todo homem maduro pode e deve exercer seu próprio critério".

Algumas das razões pelas quais o protestantismo favoreceu o estabelecimento das liberdades civis são óbvias, outras nem tanto. Os protestantes eram tão ou mais fanáticos do que os próprios papistas. Foi precisamente o seu zelo meticuloso em matéria de fé que os levou a sucessivas divisões em seitas e mais seitas, dando ensejo à necessidade prática de elas virem a se tolerar. Ferindo o dogma católico, Lutero havia solapado todos os dogmas.

Ao combater a hierarquia do poder papal, pretendendo substituí-la por um contato direto entre o crente e as Escrituras, o protestantismo deu grande impulso à leitura e alavancou a alfabetização maciça dos séculos 19 e 20 nos países do norte. Sua doutrina favorece o trabalho "livre", a poupança e a acumulação, e não é por outro motivo que aqueles mesmos países logo se colocaram na vanguarda do capitalismo industrial. Ao mesmo tempo, ao expandir o espaço da consciência religiosa individual e ao se ver forçada à convivência entre as diversas confissões, a Reforma fixou o modelo da separação burguesa entre domínio público e esfera privada. Naquele, todos são iguais sob a lei; nesta, todos são livres para fazer o que não for legalmente proibido.

Folha de S.Paulo, "Mais!", 13.6.1999

RESUMO DO CRÍTICO

Ninguém discute que Décio de Almeida Prado (1917-2000) foi o maior crítico teatral brasileiro. Sua atividade, que abarca quase seis décadas, pode ser dividida esquematicamente em duas partes, separadas também pelo prisma cronológico. A primeira, que se estende até o ano decisivo de 1968, é marcada pelas críticas de espetáculos que publicou no jornal *O Estado de S. Paulo*. Escritas quase sempre na própria noite de estreia para a edição do dia seguinte, por seu intermédio é possível reconstituir passo a passo a formação do teatro brasileiro contemporâneo, cujos padrões artísticos, pouco a pouco mais exigentes, o crítico ajudava a estabelecer com sobriedade e presciência.

A outra parte, *grosso modo* posterior a 1968, é composta pelos ensaios históricos, produto dos longos anos em que o escritor lecionou teatro na Escola de Arte Dramática e na Faculdade de Filosofia, Ciências e Letras da USP. São ensaios que se concentram na tardia instalação do romantismo em nossos palcos e nas tentativas, sempre frustradas no século passado, de transitar para o realismo. O texto-síntese desses estudos é *História Concisa do Teatro Brasileiro* (1570-1908), publicado no ano passado.[1]

Correndo o risco de chover no molhado, vale a pena recordar quais eram as linhas de força do "projeto" de que sua atuação crítica fez parte. Décio de Almeida Prado teve o privilégio intelectual de pertencer a um grupo que compartilhava, no âmbito de uma mesma geração, objetivos e métodos bem definidos – e que ainda se deu ao luxo de uma bem-sucedida divisão de trabalho.

[1] São Paulo: Edusp, 1999.

Da escalação mais ou menos fortuita dos titulares das seções da revista cultural *Clima*, criada por esses jovens em 1941, emergiram os quatro tótens da crítica modernista no Brasil: Antonio Candido (literatura), Paulo Emílio Salles Gomes (cinema), Lourival Gomes Machado (artes plásticas) e o nosso autor. Sua mentalidade ainda participava do espírito da geração imediatamente anterior, a que fizera a Semana de Arte Moderna em 1922, preocupada em forjar uma consciência estética ao mesmo tempo brasileira e contemporânea. Mas, a esse denominador comum, Décio e seus companheiros vinham acrescentar duas particularidades, ambas inéditas no ambiente local.

Alguns dos integrantes da revista *Clima*, Candido e Décio entre eles, estavam entre os primeiros formandos da Faculdade de Filosofia da Universidade de São Paulo. Instruídos por professores importados da França e da Itália para criar a instituição, seu contato com a cultura europeia foi sistemático, em contraste com o diletantismo autodidata da primeira geração modernista.

Da formação universitária resultou não apenas o rigor de seus métodos de análise, como o pendor sociológico de considerar as formas de arte como expressão de um conteúdo social que elas ocultam ao mesmo tempo que revelam. Para esses críticos, a transição do social para o estético não se dá de maneira direta ou automática, mas por meio de elaborações intermediárias, verdadeiro tecido da arte, cerne de sua autonomia e objeto da atividade crítica.

A outra característica que os distingue, fruto também do treino universitário, é a familiaridade com as correntes de pensamento então em voga na Europa, especialmente o marxismo. A fusão de propósitos artísticos e políticos não era novidade no Brasil, tendo sido a nota marcante da geração de 22. Mas, se antes o anseio de reforma política assumia a feição de um nacionalismo excêntrico ou se limitava a reproduzir grosseiramente a dicotomia entre comunismo e fascismo, com a geração de Décio ele se viu equipado com um instrumento de análise que se propunha científico, à altura do que havia de melhor nas próprias universidades europeias. Candido e Paulo Emílio cedo se converteram ao socialismo, do qual nunca arredaram, e Décio, mantendo-se em posição mais cética, sempre foi uma espécie de social-democrata ou liberal de esquerda.

O grupo da revista *Clima* tinha em mente submeter o passado e o presente da produção artística nacional a um escrutínio severo, ainda quando encorajador. O resultado é um duro diagnóstico. Caudatário da cultura dos países centrais, cujos movimentos de ideias são absorvidos aqui com atraso e de modo artificial, apenas por força do prestígio dos modismos europeus, nosso panorama artístico é pouco mais que desértico. Era isso o que também achavam os modernistas de 22, mas seu entusiasmo pela liberdade criativa, que supunham capaz de compensar o atraso de séculos de colonização (a "Semana" seria nosso 7 de Setembro cultural), é substituído na geração de Décio por um realismo crítico que às vezes beira a amargura, quando não se esquiva pela ironia. É como se o grupo *Clima*, prensado entre os elevados parâmetros de sua formação intelectual e a mediocridade de seu objeto de estudo, fosse acometido de um sentimento que não saberíamos definir exceto por situá-lo em algum lugar entre a sobranceria e o comedimento, entre o decoro (modernista, claro) e a nostalgia pela animação perdida.

O resultado foram as manobras críticas, realizadas com elegância e virtuosismo, para tornar mais proeminentes as elevações promissoras que assomavam, aqui e ali, em paisagem tão plana. Ao mesmo tempo, o rarefeito da produção passada era a contrapartida das maravilhas que talvez ainda estivessem por vir, quando as amarras do subdesenvolvimento fossem enfim desatadas pela reforma social: daí o entusiasmo de Antonio Candido, que o teria levado às lágrimas, ao ler as primeiras páginas de *Grande Sertão: Veredas* [em 1956]; daí a confiança de Paulo Emílio no futuro do cinema brasileiro. O problema se colocava de forma mais difícil para Décio de Almeida Prado, dado o panorama desolador da nossa arte teatral.

É quase comovedora a resignação com que o autor examina os experimentos – de Gonçalves Dias, de Martins Pena, de José de Alencar – nos quais o teatro brasileiro parecia prestes a se firmar como realização artística, não fossem a indiferença do público (já na época galvanizado pela diversão mais fácil que encontraria, nas comédias musicais de Arthur Azevedo, seu ápice) e a própria debilidade dos autores, consequência da inautenticidade de sua produção.

Décio tinha tudo para ser o mais desfavorecido entre seus colegas, pois o teatro não parecia, quando iniciaram sua carreira de críticos, capaz de acenar com as promessas do cinema, nem houve um equivalente a Machado de Assis que escrevesse para o palco. (Nelson Rodrigues, prejudicado pelos excessos melodramáticos e pela atmosfera de intenso mau gosto, estava longe de ser o consenso em que se converteu hoje em dia.) Entre os dois extremos, porém, o crítico testemunhou e influenciou a época de ouro da nossa arte dramática, seu momento de máxima efervescência cultural e densidade política, um tempo – que vai do surgimento do Teatro Brasileiro de Comédia até a destruição do Oficina, no final dos anos 1960 – em que os palcos pareciam pegar fogo.

Em meio às conflagrações dessa modernização acelerada, Décio de Almeida Prado manteve-se em atitude eclética, defendendo menos os pontos de vista desta ou daquela escola do que os da profissionalização e da excelência artística onde quer que vicejassem. Discreto por temperamento (jamais frequentou ensaios e camarins), contido por formação, Décio examinava os espetáculos a partir de um enfoque descritivo e em tom sereno, que nunca resvala seja para a apologia, seja para o libelo.

Terá sido implacável unicamente em relação ao ator Procópio Ferreira, que dominava os palcos na fase pré-TBC e cujo êxito comercial servia de entrave à modernização. Calcadas em textos de sucesso garantido e no magnetismo de seu carisma, as performances de Procópio Ferreira dispensavam ensaios, diretor e todo o arsenal de recursos técnicos aportado pelos encenadores italianos que viriam desempenhar, no teatro, função análoga à dos professores estrangeiros que haviam dado impulso à USP.

Estava em curso um processo de "substituição de importações" também na esfera artístico-intelectual, em tudo semelhante àquele que se verificava na economia. Boa parte da reputação de nosso crítico proveio da forma certeira com que soube identificar as inovações interessantes que surgiam, a exemplo da dramaturgia de Gianfrancesco Guarnieri ou do desempenho de Cacilda Becker, considerada a maior atriz brasileira, cuja carreira ele estimulou desde a mais remota origem.

As tendências mais promissoras mereceram seu apoio decidido: a incorporação de conflitos sociais ao domínio do palco, o advento de assuntos ligados à sexualidade, a montagem de autores "problemáticos" tais como Brecht e Tennessee Williams, o apreço pelo diálogo coloquial e pelo experimentalismo das formas – ao menos enquanto este último não se dissolveu em delírio coletivo, no estilo das atuações do Living Theatre, que deixou um rastro de imitadores após sua conturbada passagem pelo país na década de 1970.

Para iluminar esse ponto, vale lembrar que a primeira geração do modernismo paulista não demorou a se cindir em duas vertentes, ligadas respectivamente às figuras dos dois Andrade, Mário e Oswald, numa separação que o rompimento pessoal entre ambos veio reforçar.

É evidente que essas atribuições são questionáveis, não faltando, na biografia e na obra desses escritores, elementos capazes de desdizê-las, mas a tradição consagrou a ideia que associa uma corrente mais conteudística, sociológica e "séria" ao autor de *Macunaíma*, cabendo a Oswald de Andrade a inspiração do que seria o ramo formalista, radical e irônico do movimento. Mário de Andrade, autor de pesquisas importantes em etnografia, é julgado uma espécie de precursor da USP, sendo natural que se tomassem os jovens do grupo *Clima* como seus discípulos, ainda que a convivência deles tenha sido maior com Oswald, que os batizou inesquecivelmente, entretanto, de "chato-boys".

Duas décadas mais tarde, o auge da experimentação formal no teatro, do qual Décio manteve desgostosa distância pouco antes de se afastar em definitivo da crítica jornalística, foi conduzido por José Celso Martinez Corrêa e seu Teatro Oficina sob invocação do exemplo deixado por Oswald de Andrade. Assim, em meio a incidentes pessoais e caminhos cruzados, é possível discernir duas linhas no modernismo paulista, que evoluem em paralelo ao longo de pelo menos 60 anos, num contraponto cujos ecos ressoam ainda hoje. Seria errado, porém, imaginar que para Décio e seus amigos o aspecto formal da obra de arte estivesse subordinado ao conteúdo. O foco, para eles, estava na imbricação – dialética, digamos – entre os dois elementos.

Que sirva de exemplo dessa atitude o apurado nível estilístico de sua prosa, outro traço em comum com os demais integrantes do grupo. Herança, talvez, da influência francesa sob a qual sua geração foi a última a se formar no Brasil, a linguagem do crítico é cristalina, equilibrada e elegante, exata sem incidir em preciosismos, despojada sem que nem por isso se reduzam sua capacidade expressiva e suas possibilidades plásticas. Do confronto entre a superioridade da cultura europeia (que esses críticos, mercê do estudo com os mestres estrangeiros, conheciam por assim dizer de dentro) e a relativa fraqueza da tradição nativa resultou uma prosa desambiciosa nas aparências, tingida de modéstia quem sabe excessiva, se levarmos em conta as dimensões da tarefa a que eles se propuseram – o estabelecimento de uma crítica moderna entre nós – e o perfeccionismo com que dela se desincumbiram.

Para quem não se interessa muito por teatro, recomenda-se a leitura de seu livro *Seres, Coisas, Lugares*.[2] Tecendo o caminho entre reminiscências, falando de suas "verdadeiras" paixões, a ópera e o futebol, Décio se concede nesses ensaios deliciosos uma liberdade que não se permitia nos estudos históricos. São os textos que mais aproximam o leitor de seu admirável poder de observação e memória, de seu humor ameno, de sua aptidão para "contar casos", de sua personalidade encantadora.

Folha de S.Paulo, "Mais!", 13.2.2000

[2] São Paulo: Companhia das Letras, 1997.

TUDO É HAMLET

> *Aqueles que descobrem muita coisa em Hamlet demonstram mais uma bagagem própria de ideias e imaginação do que a superioridade de Hamlet.*
>
> V. A. Jukovski, citado por L. S. Vigotski

Mesmo *Hamlet* tem seus detratores ilustres. Voltaire e Tolstói, que não gostavam de Shakespeare, não gostavam tampouco de sua maior tragédia. No século 20, ficou famoso o veredicto de Eliot, que a chamou de "fracasso artístico". As objeções são mais ou menos conhecidas. O enredo é prolixo e confuso, há subtramas em excesso, frouxamente amarradas entre si. Muitas vezes, já esquecêramos por completo de um dado personagem, tão prolongada fora sua ausência em cena, quando o vemos reaparecer do nada.

Não existe, em *Hamlet*, a ação consecutiva e fulminante que vemos em *Otelo* ou, mais ainda, em *Macbeth*. Na tragédia de Hamlet, a maior parte da ação ocorre fora de cena, antes da peça ou longe dos olhos do espectador. O efeito é acentuado pelo protagonista, adepto e vítima da inércia, que contamina a peça com seu melancólico temperamento, fazendo-a incorrer em seu próprio sarcasmo contra os livros: "Palavras, palavras, palavras". Embora admiráveis, há solilóquios em demasia. E, quando os acontecimentos enfim se desatam, seu curso é tão excessivo e destrambelhado que eles poluem a última cena, deixando o palco comicamente juncado de cadáveres.

Concorde-se ou não com esse gênero de objeções, *Hamlet* resiste como a mais profunda e misteriosa das peças de Shakespeare. Seu prestígio cresceu conforme o herói solitário, incompreensível e irônico – o herói hamletiano – se tornava o paradigma da literatura moderna. Nesta, o que o herói diz ou faz não corresponde ao que ele pensa ou quer: há um lapso de decifração, pois o texto implica camadas ocultas, significados intransparentes. No caso de Hamlet, o enigma que há séculos vem ocupando críticos, filósofos, escritores, atores e amantes do teatro é saber por que, tendo tão fortes razões para agir, ele hesita.

Ao abordar o problema, Lev Semenovitch Vigotski (1896-1934), estudioso russo que explorou a intersecção entre psicologia e literatura sob um enfoque modernista, adota o que ele chama de "crítica de leitor".[1] Ao contrário de repelir, Vigotski preconiza o caráter "diletante" dessa crítica, voltada a fixar as impressões geradas por uma leitura imaginativa que descarta padrões acadêmicos e ângulos especializados. As notas do autor, editadas na forma de apêndice, dão mostra de seu impressionante conhecimento sobre a bibliografia do assunto, além de estipular nexos interessantes entre a tragédia e o romance russo do século 19. Elas informam o ensaio sem que este se desvie, porém, da leitura livre e pessoal que o autor insiste em fazer da peça.

O pressuposto de Vigotski é que não há interpretações "corretas" de uma obra literária, mas que muitas delas podem coexistir de modo igualmente legítimo. Cada uma estava latente no original até que determinada leitura a tenha fecundado e feito eclodir; o leitor – todo leitor – participa da autoria. O sentido de qualquer obra é indeterminado, ou melhor, só pode ser determinado pelo plano da obra mesma, por sua dinâmica interna, a qual somente a experiência, aliás incomunicável, de ler torna acessível. O crítico não pode "traduzir" o sentido de *Hamlet*, mas tão-somente recriar essa intraduzibilidade em outros termos, comentando-a. Os estudantes de letras sabem o quanto concepções de crítica semelhantes à de Vigotski fizeram carreira e predominam, hoje, no meio universitário.

No ensaio, o crítico russo tece uma descrição exuberante dessa tragédia de sombras. O maior elogio que se lhe pode fazer é que a leitura de seu texto amplia e melhora a da peça. Ele estabelece que Hamlet, por intermédio do fantasma de seu pai,

---

[1] *A Tragédia de Hamlet, Príncipe da Dinamarca.* Trad. Paulo Bezerra. São Paulo: Martins Fontes, 2000.

está a meio caminho entre este mundo e o outro, tendo provado, assim, a experiência da superfluidade do tempo, raiz de sua inatividade – tudo é vão, "o resto é silêncio". Vigotski chama a atenção para passos despercebidos: não há prova de que a rainha soubesse do crime cometido por Cláudio; a morte de Ofélia é um suicídio pela metade; a "peça dentro da peça" faz deslanchar o enredo porque ela não só denuncia Cláudio perante Hamlet, mas também Hamlet perante Cláudio. Há momentos inesquecíveis, como a passagem em que ele qualifica as cenas de loucura de Ofélia como "abismos da poesia, suas últimas profundezas, que nenhum raio pode iluminar".

No entanto, sobre a célebre hesitação de Hamlet, quase tudo o que Vigotski tem a dizer é que "assim requer a tragédia". Essa fórmula se repete, solene e rebarbativa, ao longo do ensaio inteiro, utilizada como abracadabra para (não) explicar cada ponto problemático. O *a priori* crítico de Vigotski é mais penetrante e inclusivo do que o de qualquer predecessor, ele simplesmente lança em ridículo, dada a complexidade de seu comentário (que entretanto se esquiva de solucionar o quebra-cabeça), todo arauto de alguma "verdadeira" explicação sobre o enigma de Hamlet. Mas existe um preço a pagar por tamanho relativismo, por tanta inapetência já não para agir, como em Hamlet, mas para interpretar!

É oportuno contrapor a "interpretação" de Vigotski à de Freud, contemporânea e oposta à sua. Em matéria de arte, o pensamento de Freud é pré-moderno: ele não só acredita que a obra é expressão de angústias biográficas, recalcadas no psiquismo do artista, como crê que seu sentido é unívoco, desde que disponhamos do instrumental apto a decifrá-lo. Vitoriano e científico, Freud pensava que uma obra será tanto mais universal quanto mais a angústia do autor expressar certa angústia estrutural na mente humana, capaz de se reproduzir à revelia de época e lugar.

A interpretação de Freud sobre Hamlet é tão audaciosa e explicativa – ela elucida numa só tacada tantas questões de outro modo insolúveis, disfarçadas na trama sob espessa retórica metafísica – que a melhor forma de criticá-la seria dizer que Freud errou, não ao decifrar Hamlet, mas ao basear toda uma concepção da natureza humana num caso particular, o do príncipe dinamarquês. Em resumo, o que Freud diz é que a inação de Hamlet é determinada pelo fato de que o herói hesita em matar um homem, Cláudio, por ter praticado exatamente o que ele, Hamlet, sempre desejou fazer, ou seja, assassinar seu pai e casar-se com sua mãe. Hamlet odeia Cláudio, vê se levantarem contra o tio-padrasto todas as forças de sua culpa e, no entanto, permanece inerte, pois matar Cláudio seria matar o que resta de Hamlet recalcado em Hamlet. No modelo freudiano, Hamlet é a contraprova, o negativo, por assim dizer, do qual Édipo seria o positivo – o romance familiar de ambos é o mesmo, que não é outro senão o de cada ser humano.

Eterno estraga-prazeres, Freud removeu a crosta "filosófica" acumulada sobre o mito de Hamlet, dissipando ao mesmo tempo sua misteriosa e elevada magia, para reduzi-lo a simples caso clínico. Com Freud, tudo vai para seu devido lugar: a indecisão de Hamlet é resultado de um choque de forças psíquicas equivalentes; incapaz de superar a fixação na mãe, ele não consegue, tampouco, amar Ofélia. Esta enlouquece vítima de seu Édipo particular, pois o homem que ama (Hamlet) é o assassino de seu pai. O tema da tragédia passa a ser o das contradições entre os impulsos do psiquismo primário e sua repressão, exigida pela vida em sociedade. Freud matou, como Édipo, a charada da Esfinge.

Ora, já estamos impregnados o bastante da concepção que norteou Vigotski para acreditar piamente nisso. Hamlet é mais vasto do que a decifração de Freud, por cabal que ela seja. O provável é que as fabulações do criador da psicanálise passem e que Hamlet continue, não obstante, a desafiar o espírito humano, do qual será sempre a síntese sem que se saiba bem o porquê. Já nos acostumamos, de toda forma, a entendê-lo assim. O ponto é outro: cada época inventa o seu Hamlet. E, assim como no século passado ele era o dos românticos, o da nossa época é o de Freud. Em linguagem vigotskiana, Freud fez a mais fecunda leitura da tragédia no século 20, a ponto de transformar-lhe a sublime poesia em nota de rodapé de sua própria prosa.

Folha de S.Paulo, "Jornal de Resenhas", 10.6.2000

DOSTOIÉVSKI CONCENTRADO

O relançamento de um livro importante é sempre oportuno, mas há outras razões para comemorar a reedição de *Memórias do Subsolo*,[1] de Dostoiévski (1821-81). É uma nova oportunidade para apreciar a célebre tradução que Boris Schnaiderman fez do russo, seu idioma natal, publicada pela primeira vez em 1961. Além disso, o leitor jovem ou principiante encontra, nesse pequeno volume (148 págs.), a novela que é considerada o "prefácio" dos grandes romances que viriam a seguir: *Crime e Castigo* (1866), *O Idiota* (1869), *Os Demônios* (1871) e *Os Irmãos Karamázov* (1880).[2] *Memórias do Subsolo* é de 1864. Foi neste texto que Dostoiévski fixou seu programa como escritor e pensador moral, e nele está contida a melhor síntese do que viria a seguir.

Dostoiévski não é um autor para leitores demasiado severos, que em geral abominam seus exageros dramáticos; jovens e principiantes formam seu público ideal, capaz de desenvolver uma intensa empatia com os dois níveis em que se pode decompor sua prosa. O nível mais imediato ou narrativo é feito de tramas complicadas, melodramáticas e detetivescas. O fio condutor dos acontecimentos é o relato de algum crime terrível, reconstituído em obsessivo detalhe. Como nas histórias policiais, o crime pode ocorrer a título de catarse final, depois de o autor haver esticado as cordas do suspense até sua máxima tensão (*Os Demônios*). Outras vezes, ele acontece no começo ou no meio da trama, para que acompanhemos o inquérito contra um inocente (*Karamázov*) ou um culpado (*Crime e Castigo*).

---

[1] Tradução de Boris Schnaiderman. São Paulo: Editora 34, 2000.
[2] *O Idiota*. Tradução de Paulo Bezerra. São Paulo: Editora 34, 2002. *Os Demônios*. Tradução de Paulo Bezerra. São Paulo: Editora 34, 2004. *Os Irmãos Karamázov*. Tradução de Paulo Bezerra. São Paulo: Editora 34, 2008.

Em redor desse episódio central, o romancista amontoa funcionários arruinados, prostitutas arrependidas, estudantes depressivos, uma humanidade pequena e miserável que mora em cortiços e perambula pelas ruas e tavernas, frequentando as diversas subtramas de seus romances. Apesar de todo o poder descritivo de Dostoiévski e da originalidade com que retorce seus enredos, há um aspecto de pieguice nessa atmosfera saturada de vodca barata e sentimentalismo. Os vilões psicopatas ou epilépticos de Dostoiévski, seus indefectíveis órfãos e viúvas e mocinhas prontos a sacrificar tudo por um nobre ideal – existe algo de estereotipado, convencional e até desleixado nessas composições. Tais falhas num grande escritor sempre foram devidamente exploradas contra Dostoiévski, mas o terão ajudado a se converter num autor popular, apto a "prender a atenção" do leitor mais refratário e a formar um amplo círculo de aficionados, que ainda hoje o leem e releem num estado febril semelhante ao que mantém seus personagens numa névoa de lucidez e delírio.

André Gide afirmou que Dostoiévski seria o maior dos romancistas mesmo que sua obra se limitasse a esse nível narrativo, sem lhe acrescentar as "profundezas filosóficas" que o envolvem. Pois subjacente ou superposta ao melodrama policial, articulada com ele pela motivação de criminosos que viveram situações extremas ou limítrofes, está uma camada de dilemas morais aptos a representar a própria condição humana confrontada com a morte, a dor, o mal e a descrença.

A literatura de Dostoiévski é uma temerária fusão do gênero "policial" com a especulação metafísica. Seu sistema moral é muito nítido e pode ser figurado por uma forma circular em que os extremos de abjeção e pureza, de maldade e altruísmo se tocam. Ele despreza os estágios intermediários em que se acomoda o filisteísmo da maioria dos seres humanos para concentrar seu interesse nos casos extremos – mórbidos, místicos ou delinquenciais –, tomados como bilhete para a transcendência e a iluminação.

Vladimir Nabokov, o mais temível inimigo de Dostoiévski, a quem chamou de escritor "bastante medíocre", satirizava o modo como seus personagens abrem caminho até Jesus a golpes de pecado. Além de autor de um dos romances mais famosos do século 20, Nabokov é um crítico brilhante, engraçado e idiossincrático, e nenhuma devoção a Dostoiévski se assentará sobre base firme se não tiver passado pela prova da leitura de seu ensaio sobre o detestado antecessor. Sem prejuízo da sátira, essa geografia circular da moral não é, porém, invenção de Dostoiévski. Ela é essencial, salvo engano, ao cerne da doutrina cristã, que gira em torno da tríade pecado, arrependimento e perdão.

A parábola do filho pródigo torna ostensivo que, na hierarquia da salvação e na gratidão divina, o leal cumpridor de seus deveres está abaixo do réprobo sinceramente arrependido. (O próprio Jesus, que frequentava festas nas quais o vinho corria a rodo, escolheu a dedo companhias bastante suspeitas.) A doutrina tem correspondência em mecanismos psicológicos: somente a prática de uma falta grave desencadeia as tremendas forças de remorso requeridas pela verdadeira conversão religiosa. Tamanho é o rompimento – a prisão, a perda dos bens, o exílio – com as circunstâncias prévias e "normais", que o sujeito é lançado a uma "nova" vida, na qual "renasce".

A fim de ressaltar o caráter "didático" de *Memórias do Subsolo*, vale ter em conta que a novela se divide em duas partes, nas quais os dois níveis – o narrativo e o metafísico – estão separados como se por efeito de uma diálise.

Na primeira parte, o narrador apresenta suas "ideias" sobre o universo. Movido pelo ressentimento profundo causado pelo abismo entre seus autoproclamados méritos intelectuais e o pobre reconhecimento que lhes dedica o mundo, o narrador insulta seus semelhantes para melhor insultar a si mesmo, que não é capaz de antagonizá-los. Seu raciocínio é pérfido, especioso e paradoxal, e ele se deixa arrastar com gosto pelos exageros em que sua sanha destrutiva pode encontrar livre curso – no ambulatório psiquiátrico que Nabokov imaginou para alojar os personagens de Dostoiévski, este tem lugar na enfermaria dos paranoicos.

Não contente em triturar pessoas e episódios com o propósito de extrair deles o máximo rendimento em matéria de ridículo, em exibir toda a vida ao redor sob o manto da ignomínia, o narrador termina por conspurcar as verdades e esperanças mais consolidadas de sua época. Vai ficando claro que Dostoiévski pretende, por meio desse ventríloquo indigno, criticar nada menos que toda a civilização burguesa, com seus requintes de ciência e cultura, seus sentimentos elevados e sua autoconfiança na aurora de uma humanidade feliz e realizada. O verdadeiro inimigo é o iluminismo do século 18 e as diversas correntes de reforma social que se desenvolveram, a partir dele, no século seguinte.

O agitado debate político e social que permeou a literatura russa entre mais ou menos 1820 e 1900 opunha, *grosso modo*, ocidentalizantes e eslavófilos.

Ambos partiam do pressuposto comum de que o atraso relativo da Rússia em relação à Europa era o principal problema histórico do país (qualquer semelhança com o Brasil não é mera coincidência...). Enquanto os primeiros preconizavam a adoção de fórmulas europeias, variações mais ou menos combinadas de liberalismo e socialismo, os eslavófilos acreditavam identificar, na tradição da Rússia "profunda", forças capazes de elevar sua sociedade a um ponto não apenas equivalente, mas situado mais adiante do progresso histórico europeu. Não se tratava propriamente de uma divisória entre esquerda e direita, pois essas forças tradicionais poderiam ser, no campo eslavófilo, tanto o czarismo e a Igreja Ortodoxa, como a estrutura comunal da organização campesina na Rússia, resquício potencialmente revolucionário de formações históricas obsoletas.

Dostoiévski flertou com o socialismo na juventude, razão pela qual foi preso, condenado à morte e teve a sentença comutada para trabalhos forçados na Sibéria, fato que só lhe foi revelado depois de a polícia encenar os preparativos de sua execução por fuzilamento. No exílio, o escritor "aderiu a seus carcereiros", conforme a dura expressão de Freud no ensaio psicanalítico sobre o romancista, tornando-se adepto do czar, da igreja e da tradição – em suma, um reacionário.

Mal camuflados como literatura, os motivos dessa guinada estão expostos na digressão metafísica do narrador das *Memórias*. Ele apregoa que o esclarecimento científico é incapaz de dar origem não apenas à felicidade, mas ao domínio do homem sobre si mesmo. Se a maior influência estilística sobre Dostoiévski foi, talvez, Dickens, o autor que está por trás de suas ideias é o Rousseau romântico que descria do progresso da ciência e da técnica. Mesmo se esclarecido sobre seu próprio interesse e a conveniência de conciliá-lo com o interesse dos outros, o homem quer ser irracional, louco e absurdo. Para a metafísica de Dostoiévski, existe um núcleo irredutível na condição humana, impermeável ao progresso histórico e avesso à persuasão lógica: nesse núcleo profundo e misterioso habita o valor que é supremo para nosso escritor, o livre-arbítrio. De todas as ideias fixas desse autor obsessivo, o livre-arbítrio é talvez a mais central e persistente.

A segunda parte da novela é um estranho melodrama que envolve a inevitável prostituta de alma boa. Seu interesse é menor, diante das proezas que Dostoiévski lograria, no registro melodramático, em seus romances futuros, aqui apenas esboçadas com hesitação e parcimônia. Mais interessante é verificar que esse narrador anônimo é um dos precursores do anti-herói da literatura moderna em dois sentidos. No solipsismo irremediável, que o leva a um constante tagarelar consigo mesmo, e no questionamento abusivo, que o faz duvidar de sua própria *persona*, moldando-a conforme suas conveniências de argumentação. O narrador abandona seu ponto fixo, e a mobilidade que disso decorre abre múltiplas perspectivas, muito além da narrativa tridimensional que prevalecia até então.

Folha de S.Paulo, "Mais!", 12.11.2000

HEINER MÜLLER, TRÓPICOS EM RUÍNAS¹

Neoptólemo: Estou aqui para ajudar, não para mentir.
Odisseu: Mas precisamos aqui de um ajudante que minta.

Heiner Müller, *Filoctetes*

Durante sua visita ao Brasil, em julho de 1988, Heiner Müller (1929-95) se interessou por conhecer Santa Catarina. No avião, alguém do grupo que o acompanhava reclamou de dor de cabeça, e Müller se dispôs a ensinar uma técnica, segundo ele, infalível. Consistia em pressionar a ponta do dedo indicador sobre a região entre as sobrancelhas e mantê-la ali por alguns minutos. "Eu mesmo estou com um pouco de dor de cabeça agora, veja", disse muito sério em inglês, e passou a demonstrar a técnica nele mesmo, acrescentando segundos depois que a dor sumira.

Tenho lembrança nítida da cena porque até hoje me pergunto se o método era uma fraude ou um achado – e porque foi talvez naquele momento que me dei conta de que as afirmações de Heiner Müller não eram para ser tomadas nem a sério nem como brincadeira, nem ao pé da letra nem como metáfora, mas como um ponto de fuga entre uma coisa e outra. O que ele realmente pensava sempre permaneceu um enigma para nós, que convivemos com ele durante duas semanas. Raio que cai duas vezes no mesmo lugar, as duas ditaduras mais totalitárias do século se abateram sucessivamente sobre ele, inculcando-lhe o hábito de mil estratégias de sobrevivência que cedo se tornaram uma segunda natureza, uma rede de reflexos condicionados.

[1] Este texto é a versão integral de artigo publicado no volume bilíngue *Drucksache* N.F. 6 (Richter, 2001), referente às relações entre Heiner Müller e a cultura brasileira. O livro foi organizado por Laymert Garcia dos Santos e integra coleção editada pelo Instituto Internacional Heiner Müller, de Berlim.

Quando discutíamos detalhes do programa de viagem, ele quase sempre aceitava o que era sugerido, alegando que estava acostumado a fazer o que lhe diziam, a ficar onde o mandavam etc. Como todo país do Terceiro Mundo, o Brasil tem muitas filas de espera, que entretanto não o perturbavam: ele dava a entender que o socialismo era uma fila interminável.

Como seria de prever, sua vinda ao Brasil redundou num choque quase intransponível de culturas. O problema não era apenas a barreira natural da língua, nem o fato de que poucos brasileiros, mesmo no ambiente artístico ou intelectual, conheciam do autor algo mais do que uma ou duas peças que já haviam sido encenadas no Rio e em São Paulo. Ilustra bem o descompasso entre visitante e anfitriões (no fundo, entre o Müller real e o Müller que a esquerda brasileira fantasiava) o episódio da palestra que o dramaturgo fez no Instituto Bertolt Brecht de São Paulo, na época um aparelho controlado pelo Partido Comunista do Brasil, facção minúscula no amplo arco das forças de esquerda.

Depois de vinte anos de ditadura militar, instalada a pretexto de impedir que o Brasil caísse na órbita socialista, o país se redemocratizara em 1985. Três anos depois, quando ocorreu a visita de Müller, não faltava na esquerda quem julgasse o governo do civil José Sarney um interregno à maneira de Kerenski, enquanto a revolução fermentava em meio à miséria endêmica e à inflação galopante (Müller comentou certa vez que nossas cédulas tinham o aspecto de trapos de chão). Para os brasileiros que foram assistir-lhe, na maioria estudantes e intelectuais progressistas, o visitante era o principal autor teatral do mundo socialista, talvez seu maior poeta vivo, de qualquer forma o sucessor de Brecht e o intérprete legítimo de uma alvorada que se desejava ver raiar também por aqui. Todos queriam beber de sua mensagem.

Acontece que Müller não tinha, aparentemente, mensagem nenhuma para eles, se é que tinha para alguém. Não presenciei o evento, mas segundo testemunhas o desencontro não podia ter sido maior, a começar do fato de que as paredes estavam forradas de pôsteres socialistas, parece que alguns deles do próprio governo da República Democrática Alemã, o que provocou indignação em Müller, que chegou a perguntar à plateia se ela realmente acreditava naquelas mentiras. Os pôsteres foram rapidamente removidos, os organizadores ficaram um pouco chocados, mas foram hipocritamente brasileiros e todo mundo fingiu que nada havia ocorrido.

O episódio era duplamente embaraçoso. Era como se um afamado cozinheiro internacional aceitasse, por mera condescendência, visitar um lugarejo remoto e provinciano, que se preparasse então, nos limites de seu acanhamento, para recebê--lo da melhor maneira, seguindo à risca suas próprias prescrições culinárias, mas eis que ao chegar o grande *chef*, constata-se que essas receitas e esses ingredientes estão risivelmente ultrapassados, que ele próprio hoje não os utiliza mais, que talvez nunca os tenha utilizado. A linha divisória deixava de ser entre direita e esquerda para voltar a separar, melancolicamente, o moderno e o atrasado, o Norte e o Sul, a Europa e a América Latina; geografia em vez de ideologia.

Os nativos se vingaram por meio de uma obstinada indiferença. Não importava o que Heiner Müller declarasse, isso era debitado às excentricidades de autor obscuro e imprevisível que ninguém se dava muito ao trabalho de compreender. Ele era famoso, era um grande escritor no lado de lá da Guerra Fria, sua presença entre nós era um acontecimento – e ponto final. Em São Paulo, Müller submeteu-se com docilidade a um circuito frenético de jantares elegantes e debates conturbados nos quais, a pretexto de discutir a obra do visitante, aliás desconhecida, cada facção local tratava de acertar contas com suas rivais. Assistiu imperturbável à encenação, bastante boa, de três peças suas – *Mauser*, *Filoctetes* e *Horácio* –, reunidas num só espetáculo; depois disse que normalmente dormia no teatro, preferindo ir ao cinema.

No ambiente de esquerda, que no Brasil englobava a quase totalidade dos meios teatrais e universitários, a expectativa em torno do "sucessor de Brecht" era considerável desde logo porque Brecht foi uma planta que se adaptou muito bem ao clima tropical. Introduzido nos anos 1950, ele se tornou o autor mais prestigioso da década seguinte, quando houve uma explosão criativa e uma acelerada politização do teatro brasileiro, que marcaram seu apogeu. A instauração do regime militar em 1964 e a mitologia internacional em torno da Revolução Cubana deram os parâmetros dessa politização, que evoluiu para uma contestação radical não apenas da ditadura, mas da estrutura econômica e dos valores estético-morais, arrastando centenas de jovens à luta armada, à tortura e à morte.

Ao contrário do que ocorre nos países desenvolvidos, onde a ordem burguesa se assenta sobre um consenso amplo e se apoia em legitimidades históricas, nos países do Terceiro Mundo, dada a clamorosa iniquidade social, ela tende a se apresentar como descaramento ou como farsa. Ora, esses dois elementos são essenciais à crueza materialista e ao tom de deboche que permeiam as peças de Brecht, com a diferença de que, onde o dramaturgo exagera para obter efeitos de didatismo caricatural, aplicado ao contexto subdesenvolvido ele parece fazer teatro "realista", uma vez que o nosso capitalismo já é uma caricatura da matriz dos países centrais. Do ângulo prático, um corolário da teoria do distanciamento era propiciar montagens rápidas e baratas, que dispensavam tanto os artifícios da ilusão cênica quanto as convenções de lugar e tempo, permitindo a qualquer grupo de agitadores se apresentar sobre um tablado.

O propósito de Brecht era muito claro: mostrar que nossas crenças, decisões e afetos são determinados pelas engrenagens da exploração de classes, das quais somos pouco mais do que marionetes. Seu "objetivismo" é tão categórico que ele não hesita em exibir os ricos e poderosos como prisioneiros, também, dessas mesmas engrenagens, divertindo-se com ridicularizar seus arroubos de sentimentalidade benemerente. Todo o seu programa pode ser reduzido à luta para substituir a ordem capitalista pelo socialismo, condição imprescindível para que os homens se libertem das forças irracionais que os impedem de realizar sua humanidade. Enquanto isso não acontecer, todo governo é opressivo, toda moral não passa de um luxo, todo sentimento se revela falso e toda verdade é parcial. Num ensaio famoso, Bergson postulou que o riso irrompe sempre que o espontâneo se justapõe ao automático (é o operário de Chaplin que, ao deixar a fábrica, continua a "aparafusar" os seios da primeira mulher que vê na rua); nem é preciso ressaltar o rendimento cômico do ambicioso esquema de automatismos concebido por Brecht.

Em 1988, estava claro para todo o mundo que mau tempo e trovoadas se avizinhavam no horizonte socialista, embora ninguém pudesse prever a facilidade com que o castelo de cartas ruiria. A tese corrente na esquerda (e na qual o próprio Müller declarou ter acreditado nesse tempo) era a de que as manobras pilotadas por Gorbatchov significavam uma transição rumo a nova etapa, "mais avançada", em que as características policiais do regime seriam ultrapassadas e da qual resultaria uma democratização do Estado "proletário", cumprindo-se enfim os sonhos das revoltas de 1953 (RDA), 1956 (Hungria) e 1968 (Tchecoslováquia), o "socialismo com face humana". A bem da verdade, foram justamente os "stalinistas" que desde o início tiveram a clarividência de perceber, por trás da oxigenante retórica da *perestroika*, que se tratava simplesmente da reintrodução do capitalismo, aliás nas suas versões mais regressivas e predatórias. A esquerda mais crítica imaginava que a crise era fecunda, que ela ampliaria os marcos do socialismo, nunca que os derrubaria num sopro.

(Re)lendo agora alguns dos textos de Müller, fica patente que ele não tinha as respostas que o pensamento progressista começava a buscar e até hoje não encontrou. Apesar das linhas de continuidade e do diálogo subjacente com Brecht (mais forte, talvez, do que admitiria o próprio Müller, que declarou manter uma atitude "seletiva" para com o autor da *Vida de Galileu*), ainda assim a relação entre os dois escritores é de negação, mais do que de complementaridade, como se Brecht fosse o "positivo" de um mesmo registro do qual Müller seria, dialeticamente, o "negativo". Enquanto o primeiro é solar, pedagógico, severo e confiante, o segundo é sombrio, obscuro, derrisório e pessimista, sendo tentador arriscar o paralelismo, guardadas as proporções, com a relação entre o teatro de Sófocles e o de Eurípides, respectivamente. O paralelo ganha verossimilhança se atualizarmos uma conhecida fórmula para dizer que Brecht mostrava o socialismo como ele deveria ser, Müller como ele realmente é (ou foi).

Ao percorrer a obra de Müller, a sensação é a de visitar as ruínas dos edifícios monumentais levantados por Brecht. Para ilustrar a ideia de ruína, vale referir três acepções. A primeira é a do emprego arqueológico do termo, ou seja, no sentido de um conjunto de fragmentos que se oferece, como quebra-cabeças, a uma decifração necessariamente incompleta, provisória, frustrante, tal como o desvendamento da escrita dos maias. A segunda é a acepção impregnada por exemplo nas telas de Claude Lorrain (c.1600-82), que toma a ruína como paisagem desoladora e crepuscular, como índice de melancolia presente em tudo o que foi e já não é mais, em toda solidez que o tempo carcomeu, em cada promessa que se traiu. O terceiro sentido é o do ensaio de Simmel, em que a ruína aparece como a forma pela qual a natureza recobra seus direitos esbulhados pelo espírito.

Ao contrário do teatro de Brecht, que é ao mesmo tempo analítico e propositivo, o de Müller permanece em terreno recuado, defensivo, limitando-se a dissecar, com frieza e maldisfarçado escárnio, os paradoxos acumulados ao longo do experimento socialista. Pouco se pode deduzir das posições políticas do autor, exceto que elas acenam na direção de um anarquismo difuso e antiprogramático. O momento mais alto dessa dissecação (ou seu desenvolvimento mais explícito) está em duas grandes peças dos anos 1950, *O Achatador de Salários* (1956) e *Filoctetes* (1958-64), que abordam o funcionamento da economia e da segurança do Estado, respectivamente, sob o regime socialista. Vai nessa escolha uma preferência pessoal pelos textos de juventude, quando o escritor ainda acreditava numa reforma do socialismo, em detrimento do estilo entrópico e fragmentário adotado a partir dos anos 1970, sob notória influência tanto do teatro de vanguarda então em voga nas capitais do Ocidente, como do estágio terminal em que a experiência soviética ingressava.

Um dos procedimentos mais utilizados por Brecht era enxertar, numa forma poética em que ressoavam os clássicos da língua alemã, conteúdos ligados à mais grosseira luta pela sobrevivência e à reprodução do capital por meio da exploração do trabalho. *O Achatador* realiza uma paródia perversa desse procedimento, empregado agora não mais para focalizar as contradições da economia burguesa, mas para flagrar as do próprio socialismo. O cerne dessa complicada tragédia economicista é a história de um operário-padrão que, em seu fervor pela causa da nova ordem, trabalha mais do que todos os outros. Dado o regime de pagamento vinculado a planos e metas de produção, sua atitude coloca os companheiros diante do dilema de ver sua remuneração reduzida ou ter de acompanhá-lo em sua jornada insana.

Com exatidão cortante, a parábola desse operário abre diversos tumores de uma só vez: a baixa produtividade das economias estatizadas, onde faltam o estímulo do lucro e o acicate do desemprego; a discórdia no seio do proletariado, que termina por instilar o ódio no interior da classe eleita e levar à delação entre colegas; o hábito de mentir para acobertar falhas próprias e incriminar condutas alheias, hábito do qual o exemplo vem do alto, de comissários que insistem em ignorar as leis (naturais?) da oferta e da procura; a palhaçada das autocríticas e das recriminações coletivas, farsa da qual o próprio Müller foi obrigado a participar pelo menos uma vez, ao "corrigir-se" publicamente do que escrevera na peça *A Repatriada* (1961). Até mesmo a gênese da *nomenklatura*, a "nova classe" de burocratas que se apropriava do excedente econômico e mais tarde se converteria na máfia do período pós-soviético, está prefigurada no exemplo desse trabalhador industrioso, obediente e dotado de aptidão para acumular.

O episódio parodiado em *Filoctetes* é tradicional no cânone da cultura grega antiga. Mencionado por Homero, foi assunto de dramas compostos por Ésquilo e por Eurípides, mas somente o de Sófocles chegou até nós. Picado por uma cobra, enviada por certa divindade cujo culto os gregos haviam negligenciado ao seguir para Troia, o arqueiro Filoctetes sofre dores que o fazem gritar de modo insuportável. Perturbados pelos urros e pelo cheiro que emana do ferimento gangrenado, os generais se reúnem para deliberar o que fazer e acatam a sugestão, ideia de Odisseu, de abandonar Filoctetes numa ilha deserta.

Passam-se os dez anos do sítio sangrento e inútil do exército grego em redor das muralhas de Troia, quando alguém se recorda de Filoctetes e de seu arco prodigioso, presente de Héracles. Odisseu se prontifica a resgatar o arqueiro ou arrebatar-lhe a arma, temível a ponto de poder desequilibrar a guerra, mas exige dos generais que Neoptólemo, o filho de Aquiles, siga com ele na empreitada. Ora, ao morrer Aquiles, alvejado por Páris, Odisseu levara a melhor no torneio com Ájax pelas armas do grande herói, as quais, segundo o costume, deveriam ter sido transmitidas a seu filho. É exatamente porque Neoptólemo detesta Odisseu que este último o requisita: seu ardil consiste em chegar anônimo à ilha, como acompanhante do filho de Aquiles, a quem caberá informar o degredado de que a guerra terminara em derrota vergonhosa para os gregos e persuadi-lo a retornarem juntos à Grécia, a fim de matar o desafeto comum, Odisseu.

Em Sófocles, uma aparição conveniente de Héracles, ao estilo *deus ex machina*, leva os três personagens a se anistiarem reciprocamente, a pretexto de que estaria em suas mãos a última esperança honrosa para os gregos no desenlace de uma guerra quase perdida. Müller alterou esse ponto nevrálgico. Héracles não aparece em sua versão do mito, pois "os deuses estão desempregados". Apesar da doutrinação incessante de Odisseu, Neoptólemo mantém-se firme em sua disposição de contar a Filoctetes toda a verdade, para só então tentar convencê-lo por meio de argumentos racionais. Num momento desconcertante, porém, que lembra o crime na praia cometido por Mersault, o protagonista de *O Estrangeiro*, de Camus, Neoptólemo subitamente crava a lança nas costas de Filoctetes. Enquanto ambos retornam, de posse do arco, Odisseu começa a explicar ao filho de Aquiles a versão a ser relatada aos generais sobre a morte do infeliz arqueiro: que ao chegarem à praia já havia uma patrulha troiana no local, que no embate Filoctetes perdera a vida etc.

Em sua autobiografia na forma de entrevistas, *Guerra Sem Batalha – Uma Vida Entre Duas Ditaduras* (1992), Müller se queixa de que no Ocidente o personagem de Odisseu é visto como um vilão stalinista. Não sei o que ele quis dizer exatamente com isso, mas presumo que uma tal interpretação do caráter de Odisseu reduzisse a fábula a um combate do bem contra o mal, fazendo do problema da peça uma característica psicológica de Odisseu, e não da estrutura impessoal em que os personagens se encontram enredados. Depois de tantos rodeios, estamos às voltas novamente com o "objetivismo" brechtiano. Odisseu tem ademais fortes razões "programáticas", patrióticas, no caso, para agir com perfídia, pois o que está em jogo é nada menos que o projeto no qual os gregos se empenharam durante uma década e que consumira tantas vidas e esforços. Mesmo quanto à polêmica sobre as armas de Aquiles, é duvidoso que Neoptólemo, adolescente recém-chegado da Grécia, tivesse mais direito a elas do que Odisseu, que combatera e fora ferido ao lado do herói. Uma impiedosa anatomia do processo pelo qual a mentira começa como expediente tático, converte-se em política de Estado e termina por se tornar um imperativo moral, ao menos do ponto de vista de Odisseu. É como se a heroica resistência ao nazismo, decisiva para derrotá-lo, "moralizasse" os crimes de Stálin e lhes aumentasse, por isso mesmo, a carga de horror. Quanto a Neoptólemo, que sofre ameaças insistentes, ainda que veladas, da parte de Odisseu, paira sempre a dúvida sobre se sua decisão na ilha foi ditada afinal pelo dever perante o interesse coletivo ou por aquilo que o próprio Müller chamaria bem mais tarde, ao comentar suas "ligações perigosas" com a Stasi, a polícia política da RDA, de "direito à covardia".

Heiner Müller era um homem baixo e atarracado, as pernas um pouco curtas em proporção ao tronco e à cabeça. Sempre o vimos vestido em calças, paletó e camiseta pretos, os pesados óculos de armação também preta enterrados nos olhos e um charuto nos dedos. Tinha um belo rosto em que se confundiam traços andróginos, de modo que, dependendo da incidência da luz, ora prevalecia a delicadeza dos lábios que pareciam cobertos de um esmalte úmido e rubro, ora a dureza das linhas perpendiculares que sulcavam seu semblante, dando-lhe um perfil de despenhadeiro; sua tez tinha um aspecto de marfim. Receio que a atividade para ele mais interessante, durante sua estada no Brasil, tenha sido devorar os filés malpassados que costumava pedir nos hotéis a título de colação matutina. Brincávamos com ele dizendo que no futuro, ao lhe perguntarem o que achara de nosso país, sua resposta seria: *"Brazil? Good steak, good whiskey!"*. Durante aquelas duas semanas tivemos uma relação que nos pareceu muito rara, sobretudo entre estrangeiros que se conheciam tão pouco: ele logo se tornou uma espécie de ídolo para nós, na época um grupinho de jovens interessados em política e arte, e tínhamos a impressão de que ele gostava da nossa companhia, seja porque evitávamos aborrecê-lo, seja porque éramos companheiros para conversas à base de álcool e tabaco.

Sua vinda ao Brasil teve início em Paris no ano de 1987, quando o tradutor Marcos Renaux, ao final de um debate que se seguiu à exibição do filme *Macbeth*, baseado na versão de Müller para a peça, levantou-se na plateia e perguntou se ele aceitaria conhecer país tão exótico. Para surpresa de Renaux ele respondeu que sim, e a viagem se concretizou no ano seguinte, na forma de um périplo em que Müller e a fotógrafa Margarita Broich, então sua mulher, visitaram, além do Rio, de São Paulo e de Santa Catarina, a Amazônia e Salvador.

No Rio nós o levamos, a seu pedido, para um encontro com Oscar Niemeyer no escritório do famoso arquiteto comunista. Mal informado, ele recebeu Müller como se este fosse um camarada, valoroso representante de um partido-irmão, embora mais evoluído, que já fizera a revolução e tratava agora de deslanchar do socialismo rumo ao comunismo. Como é do seu hábito, o arquiteto rabiscava na prancheta à medida que discorria; logo descobriram um amigo comum, arquiteto alemão-oriental cujo nome não me recordo e a quem Niemeyer pediu que o visitante entregasse como lembrança os desenhos que acabara de rascunhar. Müller saiu de lá com os rolos de papel embaixo do braço e logo no elevador anunciou para nós sua intenção de se apropriar dos esboços, que valeriam uma fortuna após a morte de seu perdulário autor. Era mais uma piada; sentimos que Niemeyer fora o único brasileiro diante do qual ele se mantivera numa atitude de reverência.

Foi apenas em Santa Catarina que pudemos conhecê-lo melhor. Apesar do frio, que pode ser rigoroso no inverno sulista, nadávamos no canal marítimo em frente à casa enquanto ele contemplava o mar fumando no *deck* – Marcos o apelidou de *Einstein on the Beach*, título da ópera de Bob Wilson e Philip Glass. Não sei por que a família Hering, que tomara parte na imigração do fim do século 19 e hoje reina sobre a cidade vizinha de Blumenau, convidou Müller para um jantar. Decerto pretendiam homenagear o conterrâneo notável que, sem embargo de ser "comunista", era antes de mais nada alemão.

O jantar estava marcado para as 7 da noite, quando chegamos à casa já eram quase 9. No caminho, sugerimos a Müller que pusesse a culpa pelo atraso em nós, e ele não teve dúvidas, ao se abrir a porta no solar dos Hering a primeira coisa que declarou foi "a culpa é deles". Era piada e não era, pois ele me pareceu estender o sobretudo à copeira dos Hering como um refugiado que apresentasse seus papéis às autoridades portuárias. Éramos vinte ou mais pessoas: Müller e Margarita, Marcos Renaux e sua mulher Claudia Calbucci, a editora Christine Röhrig e todo o clã dos Hering. Sendo o único que não falava uma palavra de alemão, idioma em que transcorreu toda a conversa, senti-me como um espião aliado infiltrado num desses submarinos do Terceiro Reich que aparecem em filmes sobre a Segunda Guerra. A decoração do ambiente imitava o estilo Biedermeier, e toda a atmosfera era convencional e empertigada, sem que lhe faltasse certa distinção, produto de uma longa prática de austeridade. Imagino que os Hering nunca tenham jantado tão tarde.

Pelo que soube depois, a conversa versou sobre amenidades, nenhum dos Hering parecia interessado nos rumos da dramaturgia pós-moderna, nem o homenageado nos preços do algodão cru. Müller divertiu os comensais com as anedotas anticomunistas que ele adorava. Por exemplo, a da versão socialista da crucificação, em que o centurião pede a Jesus que cruze as pernas, pois "estamos em falta de pregos". Ou alguma outra da interminável série "Você pergunta, a Rádio Erivan responde", no gênero: "Pergunta: haverá dinheiro no comunismo?"; "Resposta: sim, só dinheiro". Embora as anedotas agradassem, os anfitriões cumpriam uma obrigação vagamente ariana, e nada do que o convidado dissesse apagaria a desconfiança de que ele era um "vermelho", dissimulado como todo comunista.

Houve consenso, talvez extensivo aos próprios Hering, de que Müller se entediara durante o jantar, mas não foi essa a impressão que tive. Penso que o escritor, talvez sem confessá-lo nem a si mesmo, ficara encantado pela possibilidade de vislumbrar aquele conto de fadas de uma Alemanha ingênua, aldeã, encapsulada num desvão do tempo, esquecida no outro extremo do planeta – uma "outra" Alemanha, sem Auschwitz nem Gulags. Desde o Holocausto os alemães contraíram certa mania de se considerar os judeus da atualidade. Mal sabíamos que no fatídico ano seguinte, 1989, todos os presentes – menos eu –

teriam um extraordinário motivo para comemorar, como se naquela noite parodiassem de antemão a fórmula judaica para prometer-se solenemente: "No ano que vem, em Berlim".

Não estou habilitado a avaliar quão poderosa e original é a poesia de Müller, nem pretendo especular de que forma ela será recebida pela posteridade. Exceto em nosso pequeno grupo, no qual ele deixou uma marca indelével, sua visita ao Brasil perdeu-se na espuma das festas e de discussões que, bem de acordo com a tradição nacional, foram tão acaloradas quanto passageiras. Fiz referência acima à ideia de Simmel de que a ruína expressa uma vingança da natureza contra a tentativa do espírito humano de submetê-la por intermédio da arquitetura. O socialismo foi comparado muitas vezes a uma arquitetura da história: pela primeira vez os homens tentaram reconstruir a sociedade como se o fizessem com sua casa. Heiner Müller tem lugar assegurado na junta que lavrou o laudo do desastre em que resultou essa tentativa ao mesmo tempo gloriosa e infame. Talvez a humanidade não estivesse preparada para aceitar a gigantesca renúncia instintual que o socialismo implica, exigindo que abdiquemos de impulsos apropriatórios e competitivos arraigados em nós desde muito antes do homem de Neanderthal. Talvez ela nunca venha a estar à altura de uma tal utopia ou, quem sabe, esses percalços sejam parte do aprendizado social e da lenta, mesmo que inexorável, modificação da espécie pela cultura. Mais inquietante ainda, pode ser que toda a arquitetura erguida sobre crime e sangue seja apenas a superfície das aparências onde se agitam os "pesadelos da razão", enquanto a história segue seu curso tormentoso, mas hermético.

Novos Estudos CEBRAP, nº 60, julho de 2001.

NELSON RODRIGUES, SUBLIME E ABJETO

No começo dos anos 1950, a dramaturgia de Nelson Rodrigues (1912-80) estava num impasse. O sucesso de público e crítica de sua segunda peça, *Vestido de Noiva* (1943), dirigida por Ziembinsky na famosa montagem que modernizou de um só golpe o teatro brasileiro, não se repetira com as peças seguintes. *Doroteia* (1949) e *Valsa n° 6* (1951) tiveram recepção indiferente. Proibida e logo a seguir liberada pela censura, *Anjo Negro* (1946) fez boa carreira no palco, mas *Álbum de Família* (1945) e *Senhora dos Afogados* (1947) continuavam interditadas. O poeta Manuel Bandeira, entusiasta da primeira hora, aconselhava o dramaturgo a escrever "sobre pessoas normais".

Foi nessa época que a acolhida do público veio pelo outro lado da atividade literária de Nelson Rodrigues, a do cronista. Sua coluna na recém-lançada *Última Hora*, sob o título de "A vida como ela é...", tornou-se uma obsessão entre os leitores do jornal. As crônicas continham episódios extraídos da vida suburbana do Rio, atravessados, num registro entre patético e humorístico, pelos temas do ciúme, da traição e da morte. Corrigido pela imaginação do autor, o material narrativo provinha de sua longa convivência com a cobertura policial nas redações cariocas e das reminiscências de sua própria infância passada em Aldeia Campista, subúrbio pobre da Zona Norte.

Como ressalta Ruy Castro, biógrafo de Nelson Rodrigues, a coluna de crônicas jornalísticas foi o laboratório da peça seguinte, *A Falecida* (1953), a primeira de uma série fecunda de "tragédias cariocas". Menos célebre que *Vestido de Noiva*, ela ocupa, porém, lugar mais central, seja do ângulo cronológico, seja do artístico, no conjunto das 17 peças do autor. Foi com a *Falecida* que Nelson Rodrigues, sob pressão dos incidentes biográficos mencionados acima, conseguiu unificar as tendências de seu estilo numa forma que seria definitiva dali em diante.

Na periodização do crítico Sábato Magaldi, estabelecida a partir de sugestões do próprio Nelson, as "tragédias cariocas" se contrapõem às "peças míticas", exatamente aquelas que precederam a *Falecida*. Na fase mítica, os dramas se desenrolam em geografia e época indefinidas, num ambiente patriarcal estático, de fundo agrário; sua dicção é elevada e os personagens aparecem presos nos curtos-circuitos do incesto. Na fase carioca, ao contrário, a poesia se dissemina pela banalidade cotidiana, a ação se desloca rapidamente por cenários variados que, sendo urbanos (ou suburbanos), são esboçados de maneira sucinta e apenas indicativa, e o incesto frutifica numa ampla gama de perversões. É como se o autor falasse agora de uma geração seguinte à dos protagonistas das obras míticas, a de seus descendentes já imersos na multiplicidade de situações, papéis e contatos da vida na metrópole.

O substrato comum às duas fases – tema de todas as peças do autor com exceção, quem sabe, de *O Beijo no Asfalto* (1961), em que o pretexto da ação pode ser erótico, mas não o cerne – é o sexo. Mais precisamente, a compulsão de violar os interditos sexuais e as consequências devastadoras dessa violação. Assunto antigo, como sabe o leitor ou espectador da tragédia grega, da qual Nelson Rodrigues pretendeu fazer algumas vezes um pastiche mais ou menos deliberado. (Sábato Magaldi analisa, por exemplo, em sua introdução ao teatro completo do autor, o parentesco de *Senhora dos Afogados* com a *Oréstia* de Ésquilo, por meio da *Eletra Enlutada* de Eugene O'Neill.) Quanto à temática sexual, a particularidade de Nelson Rodrigues foi tê-la empregado como um verdadeiro idioma, que ele exacerbou a ponto de converter na única forma de comunicação entre os personagens em cena. Também para este escritor tão antipsicanalítico, que tratava Freud com desdém e não se deu ao trabalho de conhecer sua obra, tudo pode ser reduzido ao sexo.

No caso da *Falecida*, o interdito violado é a fidelidade conjugal. Tratada com vago desinteresse pelo marido apaixonado por futebol, Zulmira é uma dona de casa suburbana que contrai a mania de que está para morrer. Nelson Rodrigues foi um mestre das abreviaturas algébricas, suas famosas generalizações lapidares e sentenciosas, o fetichismo dos detalhes que ele isolava e repetia à exaustão. Na *Falecida*, o signo da atitude desse marido algo negligente foi ele ter corrido a lavar as mãos após o coito nupcial.

Por um acaso da cidade grande, Zulmira torna-se amante de um milionário que a beijou, sem dizer palavra, após entrar por engano no banheiro das senhoras numa confeitaria. A aventura prospera até que Zulmira, passeando de braços dados com Pimentel, o amante, cruza na rua com sua prima Glorinha. Vizinha de Zulmira e modelo de virtude feminina, Glorinha não aparece na peça, mas seu fantasma incriminador se converte numa presença sufocante para a heroína. Zulmira adoece, atribui a moléstia a um sortilégio da prima e projeta, convencida de que vai morrer, o plano de encomendar o enterro mais suntuoso que jamais houve no Rio, para vingar-se da parenta invejosa, cujo recato, ficamos sabendo, é devido à extirpação de um seio.

Já nos estertores, Zulmira dá instruções ao marido para a realização do último desejo. Prevalecendo-se de seu estado para se eximir de dar explicações, ela o manda procurar Pimentel: o milionário pagará o enterro de luxo. O marido não tarda a verificar as razões por que Pimentel estaria disposto a tanto. Arranca-lhe o dinheiro, compra um "enterro de cachorro" para a esposa morta e termina apostando milhões contra a torcida adversária no Maracanã. Esse é o enredo reduzido à sequência cronológica.

Não é assim que ele é apresentado ao espectador. Como ocorre quase sempre nos dramas de Nelson Rodrigues, uma determinada situação do presente – a ideia fixa de Zulmira com a própria morte, no caso – somente se esclarece aos poucos, à medida que trechos do passado são evocados por reminiscências e *flashbacks* que iluminam o comportamento atual dos personagens. Uma das marcas de Nelson Rodrigues, influenciado em tantos aspectos pela narrativa do cinema, é a habilidade para embaralhar elementos do passado e do presente de modo que seu desvendamento prenda a atenção até culminar na catarse de uma última surpresa, que coloca todas as peças do quebra-cabeças no lugar. *Boca de Ouro* (1959), por exemplo, talvez o mais cinematográfico de seus dramas, mimetiza a estrutura dos filmes *Cidadão Kane* e *Rashomon*.

Incentivado pelo êxito mundano das crônicas e pela repulsa em relação às peças míticas, o prosaísmo da *Falecida* é agressivo e deliberado. Jogadores de futebol que empolgavam os estádios da época são discutidos longamente em cena. A expressão dos diálogos ganha notação coloquial, e Nelson usa indicações taquigráficas para acentuar o ritmo e concentrar a ação. Ao ser indagada pela cartomante, por exemplo, sobre quem a recomendara, Zulmira responde apenas que foi "uma moça assim, assim, que esteve aqui outro dia". A própria cartomante grita para alguém dentro de casa, que ela nem se dá ao trabalho de nomear: "Vê essa panela aí, Fulana!"

Logo no começo Tuninho, o marido de Zulmira, corre para o banheiro por causa de uma indisposição que atribui a um pastel de botequim. Depois, enquanto conversam, ele pede à esposa para "espremer o cravo grande" em suas costas. Um agente funerário, ao descrever o atropelamento de uma garota de 16 anos, diz que o corpo "está feito uma papa. Sabes o que é papa? Papinha?". O amante recorda que Zulmira tinha "um cheirinho de suor" que o agradava. Como se vê, não se trata apenas de um prosaísmo quase programático na reiteração de exemplos um tanto chocantes, mas de uma corporalidade viva e crua, que a partir de então teria presença constante nos dramas do autor.

Nas peças míticas, os coadjuvantes formavam uma espécie de coro que, à maneira da tragédia grega, pontuava a ação por meio de esclarecimentos e comentários. No modelo que se cristaliza na *Falecida*, os coadjuvantes ganham movimento, participam diretamente da trama e a eles se reserva a função de caricaturas em que o prosaico é levado a consequências histriônicas – o que corresponde, aliás, à tradição de delegar o núcleo cômico dos dramas aos personagens secundários. Tal é a posição do dr. Borborema, que não dá importância aos sintomas da doença de Zulmira e inaugura a longa série de médicos levianos que seriam satirizados nas tragédias cariocas. Timbira, o agente funerário que atende Zulmira quando ela vai encomendar seu próprio féretro, replica o prosaísmo humorístico do marido Tuninho, obcecado este por futebol, aquele por mulher.

Mas seria um erro contrapor a banalidade ostensiva da nova fase ao tratamento "profundo" da fase anterior, como se fossem excludentes. A *Falecida* realiza uma fusão fascinante entre esses dois mundos, dando origem a ambiente dramático novo, peculiar e ambíguo. As motivações inconfessáveis, os impulsos que se enraízam no núcleo mais sombrio da sexualidade, a concepção trágica de destino – todos esses aspectos se mantêm, embora de maneira menos esquemática ou explícita, nas tragédias cariocas, onde aparecem, porém, enfronhados na trivialidade.

Do encontro entre os dois planos, o "trágico" e o "popular", que ele passaria a justapor sistematicamente, Nelson Rodrigues extraiu um resultado inesperado. A experiência da tragédia se torna anticlimática, suspensa a meio caminho, sempre frustrada, compelida a derivar ora para o dramalhão, ora para a farsa. Falta integridade (mesmo que integridade na tara) para que aqueles personagens possam viver sua tragédia "seriamente".

Uma das linhas de tradição na literatura brasileira, de *Memórias de um Sargento de Milícias* a *Macunaíma*, explora o mesmo efeito anticlimático, associado à vida de personagens ambivalentes, que medram nos interstícios da desigualdade sem nela ocupar a posição de cativo nem a de senhor. O inautêntico de sua situação, a dubiedade que os leva a ter olhos postos no mundo civilizado e a sobrevivência pendente das migalhas da mesa colonial, é o que esvazia seus gestos e torna frívolos seus destinos. Talvez não seja indevido avaliar que ecos desse persistente quadro social tenham impregnado a forma específica de literatura patética desenvolvida por Nelson Rodrigues.

Nosso autor foi buscá-la em duas fontes bem demarcadas: o folhetim e a reportagem policial, retendo, do primeiro, o leque de temas e as hipérboles retumbantes, e do segundo a concisão dos estereótipos. Não é preciso ressalvar que ele infunde vida nova a essas formas mortas. O emprego do estereótipo é compensado por uma inventividade perdulária para com o pormenor memorável; já o andamento descabelado e os desenlaces estrebuchantes, por mais excessivos, sempre correspondem a necessidades intrínsecas à estrutura do drama.

Mas se fôssemos perguntar pelas fontes, não da substância das obras do dramaturgo, mas de suas ideias como escritor, a resposta teria de ser Dostoiévski. O desprezo pelos critérios da razão, sobretudo em suas vertentes científicas; a crença de que o homem não pode se desincumbir de suas paixões exceto padecendo sob seu jugo até a última gota do cálice; certo conservadorismo ranheta em matéria de política e religião; o apego a uma moralidade imaculadamente primária, a única capaz de nos redimir de toda baixeza e que só prospera, numa aparente contradição, nas vizinhanças do que houver de mais vil – quanto a esses elementos essenciais Nelson Rodrigues tem no romancista russo seu precursor.

E foi, naturalmente, o aspecto moral o que mais se associou à fama do dramaturgo. Embora praticamente não existam palavrões em suas peças, numa época – os anos 1960 – em que usá--los no palco chegava a dividir as opiniões, ele sempre foi condenado pelo ponto de vista convencional como escritor "tarado". A esquerda, em tese mais receptiva ao caráter transgressivo de sua obra e que já dominava a opinião crítica na época em que sua atividade floresceu, repudiou Nelson Rodrigues por conta das posições políticas e moralmente reacionárias.

Foi só depois de sua morte, em 1980, que teve início a rápida revisão ao cabo da qual o escritor para quem "toda unanimidade é burra" foi saudado por aclamação unânime como o maior dramaturgo nacional. A memória da ditadura militar, que ele apoiou com entusiasmo, já se enfraquecia, e uma atmosfera de tolerância sexual se estabelecera como rescaldo da rebelião comportamental dos anos 1960 que ele tanto satirizara. Nesse clima duplamente permissivo, multiplicaram-se as montagens e adaptações de suas histórias, e ele passou a ser considerado, um pouco como Gilberto Freyre, um genial desbravador do nosso sertão erótico-afetivo.

Passada a tempestade das controvérsias, como solucionar o paradoxo de um autor teatral que é, à semelhança de Aristófanes ou Molière, ao mesmo tempo obsceno e moralista? O próprio Nelson Rodrigues se divertia com essa ambiguidade, da qual retirava certo efeito propagandístico.

Sua paleta de perversões pode ser reduzida a seis cores fundamentais: pai ama filha mais jovem e ainda virgem; mãe ama um dos filhos homens; um dos filhos ama a mãe, o outro é homossexual; filha virgem ama a coleguinha de escola ou de farra; marido ama mulher de baixa extração; esposa ama quem não deveria amar. Assim como Dostoiévski fez com os abismos do crime e da fé, o dramaturgo carioca deslocou o sexo não para o âmago da vida de seus personagens, onde ele afinal já estava, mas para a superfície visível de sua ação dramática, fazendo da perversão sua linguagem comum, o esperanto que lhes facilita o trânsito intermitente do abjeto ao sublime.

Uma das intuições mais fecundas de Nelson Rodrigues foi colocar em evidência que o sexo é necessariamente bifronte, abrindo-se para os dois extremos da experiência humana. Como reprodução da espécie, objetivo autossuficiente de toda vida, o sexo abrange as formas promissoras e nobilitantes da virgindade, da gravidez e da maternidade, mas é também, nos desvios perversos, a busca viciosa de um prazer substitutivo, circular e vazio. Nelson Rodrigues não se cansa de repetir seu espanto diante do fato de que os mesmos aparelhos orgânicos, as mesmas vias corporais, sirvam a propósitos tão opostos.

"Na nossa família, as mulheres se envergonham do próprio parto, acham o parto uma coisa imoralíssima", comenta a avó dos Drummond em *Senhora dos Afogados*, enquanto a protagonista de *Viúva, Porém Honesta* (1957) considera indecente até mesmo o ato de se sentar. Zulmira diz que não aprova maiô nem beijo na boca entre marido e mulher, para não "misturar saliva com saliva". As peças estão repletas de constatações semelhantes, relacionadas ao que podemos chamar de ambiguidade fisiológica dos órgãos ligados à função erótica. O elogio da abstinência, admitindo até a exaltação de certo lesbianismo idealizado, que culmina em pactos de morte virginal, corresponde a um surdo protesto não só contra as decepções embutidas em toda carne, mas contra o escandaloso duplo sentido da nossa anatomia.

Sendo os enredos de Nelson Rodrigues tão completamente absorvidos pela compulsão sexual, não é de espantar que neles o dinheiro ocupe posição importante, mas secundária. Quando o dinheiro aparece, é na forma melodramática de costume, como salvo-conduto para o livre curso da libido por parte de quem o possui, como instrumento de corrosão da ingenuidade dos que são tentados por ele. Assim é com a *Falecida*, como vimos, embora o caso mais característico talvez seja *Bonitinha, mas Ordinária* (1962), com seu séquito de milionários quase brechtianos e seu jovem protagonista que se vende a um ricaço necessitado de marido para a filha estuprada e grávida.

O mesmo problema moral de *Bonitinha* volta a ser tratado numa peça tardia, que já surpreende pelo título insólito: *Anti--Nelson Rodrigues* (1973). Aqui, o filho do dono de certa fábrica resolve subornar uma funcionária tida por inconquistável, seu desejo mais e mais atiçado a cada investida sua que ela repele. Ocorre que a heroína nutre uma paixão autêntica pelo rapaz detestável, paixão que terminará por curá-lo. (Impossível não lembrar, aqui, da tirada do autor, frasista terrível: "o dinheiro compra tudo, até amor verdadeiro".)

Na cena final, de um sentimentalismo desavergonhado, sexo e dinheiro terminam por se anular reciprocamente, como matéria e antimatéria, dando origem à explosão do amor desinteressado quando Joice pica em pedaços o cheque com que o antigalã ainda fazia a derradeira tentativa de corrompê-la, antes de se render ao amor pela força da dedicação e do exemplo. O amor cristão, que compreende a temperança na monogamia e o respeito aos interditos, é o antídoto universal que o dramaturgo prescreve para os males que provêm da nossa própria natureza (eis o pecado original) e da corrupção da vida civilizada pela mediação do dinheiro. É a única peça de Nelson Rodrigues com "final feliz", daí seu título; é para todos os efeitos a última que ele escreveu, apesar do epílogo sumário e cortante que é *A Serpente* (1978).

Jornal do Brasil, "Caderno B", 26.8.2001

VISÕES DO EXÍLIO

Ao acordar na manhã de 25 de abril de 1974, Victor Cunha Rêgo abriu as cortinas do hotel onde estava hospedado e achou estranho que navios da esquadra portuguesa estivessem ao largo. Ele acabava de voltar de um exílio que durara 18 anos, a maior parte desse tempo no Brasil. Ligou o rádio do quarto, as estações tocavam música militar. Mas quando chamou o camareiro, para saber o que se passava, e este apareceu sem gravata, foi somente aí que ele se deu conta de que algo da maior importância estava a acontecer em Portugal.

Era dessa forma um pouco galhofeira, congruente com a atitude de afetuosa ironia que mantinha para com a pátria, que Cunha Rêgo contava como testemunhou o começo da Revolução e dos tempos turbulentos em que ele seria muitas vezes um personagem influente, outras vezes um exilado em sua própria terra, sempre um observador inventivo e sagaz. Intelectual brilhante, formado na cultura de esquerda que vicejou entre o jornalismo e a militância política na Europa para se disseminar pelo mundo afora na segunda metade do século passado, ele teve a sorte de voltar do exílio a tempo de viver o apogeu de sua vida em meio a acontecimentos históricos.

Não será preciso recordar, para o leitor português, cada passo dessa trajetória. Ela começa pela resistência, ao lado de Mário Soares, contra a maré ultrajacobina que poderia ter levado Portugal a experimentar uma ditadura militar de esquerda, da qual a nação escapou por um triz. Segue-se um período de desentendimentos com o Partido Socialista e de consequente afastamento em relação a Mário Soares, substituído no altar de seu entusiasmo por Sá Carneiro. Neste último, Cunha Rêgo passa a ver encarnada a figura de um demiurgo, o "príncipe" dinâmico e enérgico que sempre o atraiu, sem prejuízo do sentimento de repulsa a todas as ditaduras – ele combateu três: a de Salazar, a brasileira e a do Movimento das Forças Armadas –, numa ambivalência que evoca a atitude diante de um pai poderoso e temível. Ocupou numerosos cargos (secretário de Estado, presidente da televisão pública, diretor de jornais, embaixador na Espanha), mas sua principal influência terá sido como conselheiro de líderes de massas que souberam fazer uso de seu talento. Cunha Rêgo gostava de flertar com essa fama de eminência parda, definindo-se às vezes como um "conspirador".

Nas duas décadas que se seguiram à Revolução, Portugal mudou muito e Cunha Rêgo também. O socialista que desembarcou do Brasil, no começo de 1974, tornou-se social-democrata e depois conservador – à sua maneira, é claro, sempre desconcertante e inusitada, mas conservador, e até católico nos últimos anos de vida. Tal evolução ideológica ecoa as reviravoltas contemporâneas que tiveram por epicentro o colapso do socialismo soviético – ao qual Cunha Rêgo, desde a juventude de estudante de Direito e jornalista radical, sempre votou verdadeiro horror. É um percurso que também encontra ressonância na biografia de muitos intelectuais do século 20, seduzidos por promessas revolucionárias que mais tarde passariam a ver como pretextos para o exercício da tirania por parte de facções "iluminadas". Quando se trata, porém, de personalidade tão rica e cheia de matizes, para não dizer contradições, é esquemático demais reduzir seu percurso à influência de causas externas – ou ainda ao mero acaso, fator ao qual Cunha Rêgo atribuía, aliás, enorme peso na História. Existe um âmago pessoal, enigmático, nessa trajetória; identificá-lo seria tarefa para um biógrafo que deslindasse a trama que fervilhava em meio a sua erudição de autodidata e sua vida cheia de aventuras.

A adesão a uma greve no jornal em que trabalhava, em 1956, levou-o a Paris e a seguir para o Brasil, onde trabalhou na *Última Hora*, diário de esquerda, e no tradicional *O Estado de S. Paulo*. A família Mesquita, proprietária do periódico paulista, gostava de contratar jornalistas portugueses, pois acreditava que sabiam o idioma melhor que os brasileiros. Apesar da linha liberal-conservadora da casa, um dos principais editorialistas do *Estado* era Miguel Urbano Rodrigues, português e comunista, amigo de Victor Cunha Rêgo que patrocinou sua contratação. Nosso autor manteve, nesse tempo, uma discreta militância na oposição portuguesa radicada em São Paulo e se politizou em contato com marxistas brasileiros.

Em 1964, com o golpe militar no Brasil, Cunha Rêgo exilou-se na Argélia. Morou na Iugoslávia – onde viveu por dois anos e teve ocasião de conhecer de perto o socialismo "alternativo" de Tito – e também na Itália, antes de retornar ao Brasil, em 1968, quando a ditadura estava prestes a ingressar em seu período mais violento, açulada por guerrilhas urbanas. Passou a trabalhar na *Folha de S.Paulo*, para onde foi levado por Cláudio Abramo, jornalista de origem trotskista que ele conhecera no *Estado* e que liderou um importante movimento de modernização da imprensa de São Paulo. Foram amigos, depois se desentenderam. Eram personalidades muito semelhantes, exceto por uma diferença decisiva: Victor era anticomunista; Cláudio, não. Na *Folha* Cunha Rêgo publicou a maior parte da produção jornalística que desenvolveu no Brasil.

A imprensa brasileira era – ainda é – bastante provinciana; num país de vastas dimensões e sempre voltado a si mesmo, a cobertura internacional não era estimulante. Embora tenha exercido todo tipo de função nas redações onde atuou, sua principal contribuição ao ambiente jornalístico local foi a vivência cosmopolita, formada no gosto pelas viagens e na frequentação de ambientes ilustrados, combinada a um sólido conhecimento de História moderna. Embora escrevesse muito sobre Portugal e sobre a França, pátria espiritual de tantos intelectuais de sua geração, é impressionante a amplitude da gama de assuntos, personagens e países que abordou em seus comentários. Seus artigos não parecem escritos, como quase sempre foram, no calor da hora: pela densidade da argumentação e pela pesquisa histórica subjacente, muitos equivalem a ensaios. Seus colegas de profissão lembram-se do autor como um homem que se vestia e se portava como aristocrata, que sofria crises de angústia intermitente e que manteve, ao menos durante determinados períodos, uma vida amorosa das mais agitadas.

Minha convivência com Cunha Rêgo foi pouca e esporádica, mas ocorreu naquela fase da vida – fim da adolescência, começo da juventude – em que estamos muito permeáveis a influências e as memórias se fixam de modo indelével. No começo dos anos 1970, ele foi beneficiado por uma razoável herança, deixada, parece, por uma tia e que lhe permitiu retirar-se para uma casa no litoral de São Paulo. Por coincidência, meu pai, dono do jornal onde ele trabalhara, alugou uma casa nessa mesma praia, durante duas férias de verão. À noite, Victor e Ivonne, que foi sua mulher durante mais de vinte anos e com quem ele teve os dois filhos, Vic e André, vinham à nossa casa, ou nós íamos à deles. Assistir às discussões entre meu pai e Victor foi, para mim, o grande acontecimento daquelas férias.

Sempre era a política o assunto, e eles divergiam sempre. Mas um apreciava o outro, havia uma atmosfera complementar naquele encontro de opostos. Normalmente o roteiro era assim. Victor levantava um castelo de cartas feito de verdades eternas, ainda que sempre imperfeitamente realizadas, como a ânsia pela liberdade, a luta pela igualdade etc. Sem rejeitar esses valores, meu pai os solapava, ressaltando o mundo como ele é, dominado pelo dinheiro, pelas relações de força, pelas pressões oriundas da necessidade. Meu pai sempre foi de argumentar com uma inteligência e um realismo capazes de transtornar as abstrações fantasiosas de qualquer intelectual (eu, por exemplo); Victor era um conversador divertido e cultivado. Fazia parte de sua atitude cavalheiresca encerrar esses serões na praia, antes de beijar a mão de minha mãe para se despedir, com o reconhecimento, que ele afetava ser sério, mas no qual eu discernia um fundo humorístico, de que meu pai deveria estar certo e ele errado – afinal, um era empresário bem-sucedido, o outro, intelectual amargurado. Os intelectuais talvez sempre tenham sido uns amargurados, mas naquela época havia certo encanto em ostentar isso, mais ou menos como o fascínio antigo dos cigarros, os quais Victor, evidentemente, fumava.

Eu ainda não havia lido *A Montanha Mágica*, mas me sentia como Hans Castorp ao presenciar os duelos verbais entre Naphta e Settembrini. Aqui, porém, as posições estavam de certa forma trocadas, pois em termos de temperamento era Victor o pessimista, embora fosse socialista, enquanto meu pai – sendo partidário da economia de mercado – irradiava otimismo e racionalidade tal como Settembrini. Mais tarde, quando pensava na evolução ideológica de Cunha Rêgo, muitas vezes me vinha à mente a figura de Naphta, o intelectual que cedeu (ou despertou para) a dimensão irracional da vida. Para o Victor socialista da época do exílio, tanto a vitalidade energética e produtiva de meu pai, que ele admirava, como seu oposto, o catolicismo piedoso que o Victor pós-exílio viria a abraçar no crepúsculo da vida, seriam facetas, ainda que antagônicas, do irracional. É isso, então, ser de direita, a redescoberta da primazia do irracional?

Pouco depois, por causa de uma gripe que me deixou de cama por muitos dias, Victor me mandou um pacote de livros que julgou apropriados a um adolescente curioso. Eram *Sidarta*, de Hermann Hesse, *1984*, de George Orwell, as *Antimemórias*, de André Malraux, e finalmente *O Príncipe*. São títulos que dizem algo sobre os cuidados que adotava ao recomendar livros para jovens, ilustram as ambiguidades de seu pensamento cambiante e definem os quadrantes de sua visão de mundo – respectivamente: a ânsia de êxtase religioso, a angústia diante do totalitarismo "social", o testemunho de um intelectual francês e "renegado" em quem ele se espelhava e o tratado da política como ciência da intimidação e do engodo. Ler o livro de Orwell, naquela idade, me vacinou contra toda forma de governo autoritário.

Ele voltou a Portugal, no mês seguinte houve a Revolução. Em junho de 1975, durante o gabinete Vasco Gonçalves, passei algumas semanas como hóspede de Victor e Ivonne no Estoril. O país ardia. Embora o governo ainda fosse uma coalizão entre comunistas e socialistas, o eixo de gravidade do MFA se inclinava em direção à extrema esquerda, que promovia comícios agressivos, numa linguagem de quem está prestes a tomar o poder pela força. As tropas do general Otelo Saraiva de Carvalho varejavam os comboios entre Lisboa e o Estoril, como se fossem patrulhas do Comitê de Segurança Geral. Era formidável sair às ruas para assistir, dia após dia, a uma simbiose entre Revolução Francesa e Revolução Soviética, encenada ao vivo no decurso de uns poucos meses. Victor chegava muito tarde, à noite, vindo de alguma reunião interminável. Parecia extenuado e deprimido, uma aura de mistério em redor de sua fisionomia carregada – o mistério que emana do poder. Eu respeitava seu silêncio e o via como um deputado girondino que hoje está no Comitê de Salvação Pública sem saber se amanhã não estará na guilhotina. Passou-se muito tempo. No começo dos anos 1990, voltei a Lisboa e o procurei; marcamos um jantar em certo restaurante. Ele estava envelhecido, mas ainda era um homem alto e atraente, que encantou minha namorada, presente ao encontro, com galanteios à moda antiga e sua habilidade para fazer rir. Portugal agora não era mais uma turbulenta Cuba recém-saída do formol salazarista; governos socialistas e depois liberais haviam colocado o país no rumo da prosperidade e da integração europeia. Victor deveria estar feliz, se a felicidade fosse algo simples assim, mas se achava amargurado como de costume. Não me recordo das questiúnculas da sempre intrincada política portuguesa que o aborreciam então, a política havia perdido importância para mim e, na minha opinião, para o mundo. Talvez também para ele, que continuava a falar sobre o assunto, quem sabe, por força do hábito. Eu estava ciente de que ele havia se tornado um conservador, mas me surpreendi com a intensidade de sua conversão, que já raiava então pelo místico. Falou de suas memórias, que preparava na época – e pensei naquele grande reacionário iconoclasta, Joseph de Maistre, o maior inimigo intelectual das revoluções, o mais paradoxal advogado do catolicismo, que um leitor voraz como ele deve ter lido, embora nunca o tenha ouvido mencioná-lo.

Victor Cunha Rêgo viveu uma vida cheia de peripécias, sofrimentos e amores. Seu ofício foi o jornalismo, mas sua verdadeira paixão há de ter sido a política, que o levou à peregrinação errante de exilado e o trouxe de volta em meio ao tumulto de uma das últimas revoluções de feitio clássico, durante a qual ele conheceu o exercício do poder e a melancolia do ostracismo. Não foi cúmplice do maior crime ideológico de seu século, ao contrário de tantos intelectuais progressistas que se deixaram seduzir pelo totalitarismo soviético e contribuíram para legitimá-lo durante tanto tempo. Teve o privilégio de ajudar a erguer as instituições da democracia moderna em seu país. Naqueles que o conheceram, deixou a marca de uma inteligência imaginativa, surpreendente, barroca, avessa a todo esquematismo ou vulgaridade.

Sua produção escrita sofreu as vicissitudes do texto jornalístico, que se comprime entre a véspera e o dia seguinte, demasiado preso a sua contingência. Mesmo assim ele muitas vezes rompeu esses limites. Seus ensaios merecem ser lidos não apenas pela elegância do estilo, em que sentenças construídas com requintada precisão se alternam com frases cortantes, breves e iluminadoras, não somente pelo conhecimento enciclopédico que abrigam nem pelas premonições hoje comprovadas que repontam aqui e ali – mas sobretudo por constituírem um panorama inestimável de uma época em que a política ainda estava no centro da vida das sociedades. Uma época em que existiam utopias, das quais Victor Cunha Rêgo foi um apologista apaixonado e também um crítico implacável.

Prefácio a Liberdade, *coletânea de ensaios de Victor Cunha Rêgo*
(Lisboa: O Independente, 2004).

TOCQUEVILLE, CONSERVADOR VISIONÁRIO

Ao repassar em meu espírito a história dos últimos 60 anos, sorrio amargamente percebendo as ilusões existentes no final de cada um dos períodos dessa longa revolução, as teorias que as nutriam, as fantasias eruditas dos historiadores, tantos sistemas engenhosos e falsos com a ajuda dos quais tentou-se explicar um presente que mal se via e prever um futuro que não se enxergava em absoluto.

Tocqueville, em *Lembranças de 1848*

Alexis de Tocqueville (1805-59) é um pensador de ideias simples, claras e constantes. Elas já parecem prontas na sua obra de juventude, *A Democracia na América* (1835-40), e se repetem no outro clássico que ele legou à ciência política, *O Antigo Regime e a Revolução* (1856), publicado três anos antes da morte do autor. Apesar de seu olho clínico para o detalhe sociológico, da habilidade de seu pensamento para abrigar matizes e cultivar paradoxos, apesar de sua forma ainda literária de expressão, o que prevalece nele é a paixão pelas grandes sínteses. Quaisquer que sejam as árvores, Tocqueville sempre deduz a mesma floresta.

Que floresta é essa? Ela é uma síntese da própria vida do escritor, o ponto de encontro para o qual convergem não só o político derrotado e o historiador já quase cientista social, mas o conservador visionário, o republicano moderado e o aristocrata anglófilo que ele sempre foi.

Tocqueville, cujo bisavô foi guilhotinado pela Revolução Francesa, proveio de um mundo que a modernidade havia desbaratado. É esse ponto de vista retrógrado que lhe permite o recuo necessário para criticar a democracia de massas então nascente. Dessa posição contraofensiva nascem as inversões que caracterizam sua filosofia da história. Ela postula, como axioma, que sob a superfície acidentada dos grandes feitos, das legislações e de tudo o que há de aparente e formal na história, correm rios subterrâneos impelidos por forças invisíveis, mas inarredáveis. Tais forças residem no que ele chama, seguindo a fórmula de Montesquieu, de "costumes", algo que se poderia traduzir como a experiência prática, material e privada das sucessivas gerações. O vetor dos "costumes", conforme se desenvolvem os meios técnicos e se propaga o conhecimento, é sempre na direção de mais igualdade entre as classes e os indivíduos.

Tocqueville sustenta que nas sociedades tradicionais (que ele chama de "aristocráticas"), baseadas na propriedade da terra e numa hierarquia rígida, vigoram direitos e liberdades bem estabelecidos, embora desiguais. Esses interstícios de liberdade resultam de um jogo em que cada poder, mesmo o do rei, é limitado por "corpos secundários": a nobreza, o clero, os tribunais, os burgos, as corporações de ofício, as autonomias provinciais – e a estrutura inteira está circunscrita pelo respeito à tradição. Formada ao longo dos séculos, a mais feliz dessas sociedades, a britânica, teria alcançado o equilíbrio exemplar entre liberdade e autoridade.

E, no entanto, o destino das sociedades é se tornarem democráticas e igualitárias. Nesse processo, os "corpos secundários" são debilitados e destruídos, cada indivíduo perde o vínculo que ligava seu destino aos demais e todos se convertem em átomos à mercê da autoridade, que se faz despótica em nome da missão de realizar a felicidade geral, missão que ela extorque à sociedade ao mesmo tempo em que esta se apressa em delegá-la. Sobre a terra arrasada da igualdade, um único poder se impõe: eis a tirania moderna.

Nosso autor reconhece que a democracia é um bem (um pouco a contragosto) que acarreta um grande mal (descrito em tons alarmantes). A única maneira de evitar a tirania moderna, já que as pressões pela igualdade não podem ser detidas, é organizar novos "corpos secundários", aptos a moderar o apetite de todo governo pelo poder ilimitado. Foi a curiosidade de verificar se isso estava ocorrendo nos Estados Unidos que o levou, aos 26 anos, a pretexto de estudar o sistema penal daquela democracia florescente, à viagem de nove meses da qual resultou *A Democracia na América*.

A conclusão, bem a seu feitio, é de um pessimismo moderado. Em meio a suas famosas profecias – ele previu, em 1835, a marcha para o oeste, o extermínio das culturas nativas, a guerra civil em torno da escravatura e até um futuro em que russos e americanos controlariam cada hemisfério do planeta –, Tocqueville agita o perigo da "tirania da maioria" como a grande ameaça a pesar sobre os EUA e as democracias modernas em geral. Mas ressalta, na sociedade norte-americana, a presença de três aspectos capazes de afastar esse risco.

O primeiro é a tradição de autogoverno da comuna – uma espécie de democracia municipal – entranhada na América pré--revolucionária por transfusão do colonizador inglês. Na democracia comunitária, que se replica na autonomia dos Estados em face do poder federal, estaria o maior obstáculo ao despotismo. Um segundo aspecto também é legado da influência britânica: o costume da livre associação dos indivíduos, para fins coletivos e sem permissão da autoridade. O terceiro seria a liberdade de imprensa, prática estabelecida desde o final do século 17 na Inglaterra e já disseminada, numa efervescência de jornais turbulentos e aguerridos, nos Estados Unidos que Tocqueville conheceu.

O êxito tão notório dos Estados Unidos como sociedade, como modelo político-ideológico e como poder mundial faz da obra de juventude seu livro cada vez mais famoso. *O Antigo Regime e a Revolução*, obra amarga de um político liberal posto no ostracismo pela ditadura de Napoleão 3º, ficou um tanto eclipsado. O que é uma pena, pois nesse segundo estudo o autor analisa o advento da revolução e da democracia numa sociedade – a sua própria – em que os "costumes" não ofereciam leito apropriado. Onde, ao contrário, o caminho do despotismo já vinha sendo longamente preparado pela realeza.

O livro está montado numa inversão desconcertante, a de que não foi a Revolução Francesa que produziu a centralização do poder, mas a centralização que deu origem à revolução. Tocqueville enfatiza que a ordem feudal fora mantida nas aparências e ao mesmo tempo esvaziada entre os séculos 16 e 18, à medida que o rei enfeixava uma soma crescente de poderes.

Nobres e eclesiásticos continuavam a desfrutar de títulos, isenções tributárias e honrarias, mas a administração era exercida cada vez mais por um corpo de funcionários profissionais, que respondiam diretamente ao Conselho do Rei. Antigas liberdades, autonomia das províncias e das cidades, o poder dos juizados locais – as instâncias intermediárias, os tais "corpos secundários" – foram aniquilados. O governo central açambarcara as atribuições de tributar, recrutar milícias, manter a ordem pública, realizar obras, tabelar preços, confiscar terras e assim por diante. A imagem que ele usa é a de um edifício novo e invisível que fora construído aos poucos por baixo do velho. Quando sobreveio a revolução, em 1789, tudo o que ela precisou fazer foi sacudir o edifício antigo, que se desmanchou em pó, revelando o verdadeiro aparelho governamental, cujo controle então é transferido das mãos de um monarca reformista para uma "assembleia irresponsável e soberana", disposta a implantar o terror como política a ser executada em nome da razão, da liberdade e da igualdade.

Tocqueville incrimina os filósofos iluministas pelo desastre. Alijados de qualquer experiência administrativa pelo absolutismo monárquico, literatos ignorantes também no que se refere à história das sociedades e por isso mesmo adeptos de esquemas abstratos, geométricos, os iluministas se propuseram a reinventar a humanidade a partir do zero. Criaram uma concepção puramente racional que, aplicada à política, era obrigada a violar, um a um, seus próprios princípios: genocídio em vez de fraternidade, opressão em vez de liberdade etc.

Para ilustrar o quanto a mentalidade dos "filósofos" já se difundira, Tocqueville se compraz em citar a frequência com que editos de Luís 16, bem anteriores à revolução, mencionavam a lei natural e os direitos do homem. Nas revoluções, em que o senso comum vê a ruptura, Tocqueville distingue os veios ocultos de continuidade. Essa é uma das portas de acesso a sua atualidade. Muito do que ele diz sobre a Revolução Francesa ("que é sempre a mesma, pois ela continua"), pode ser transposto para as revoluções socialistas do século 20.

A pretexto de outra miragem racionalista – a de implantar o paraíso social –, essas revoluções limitaram-se, mais modestamente, a produzir a centralização estatal capaz de implementar industrializações retardatárias a ferro e fogo. Tocqueville separa o que as revoluções dizem fazer do que elas fazem. E suas críticas a Voltaire, Rousseau e os demais iluministas podem ser voltadas sem retoque às gerações de intelectuais marxistas cuja arrogância fantasiosa ajudou a empurrar milhares, milhões de pessoas para uma morte violenta e fútil.

Quanto ao lado "americano", muitos críticos da atual uniformidade de pensamento e da submissão dos agentes políticos ao "mercado" encontrarão eco de suas inquietudes na noção tocquevilliana segundo a qual, na sociedade democrática, os indivíduos estão "aprisionados na vida privada", imersos na busca de "prazeres materiais" e submetidos à "tirania da maioria" – um despotismo difuso instalado sobre as ruínas do espaço público. Além disso, entre os motivos para ler este clássico, é o caso de mencionar a qualidade expressiva do texto, pois Tocqueville foi um dos expoentes de uma época em que filósofos e cientistas sociais se julgavam na obrigação de escrever tão bem quanto romancistas – em vez de ser justamente o contrário.

Folha de S.Paulo, "Mais!", 31.7.2005

A FANTÁSTICA FÁBRICA DO CAPITALISMO

Da mesma forma que a literatura religiosa não pode escapar de suas intenções edificantes, a literatura para crianças está fadada aos propósitos pedagógicos. Eles podem estar dissimulados de forma habilidosa e até complexa, mas estão sempre ali. O livro *A Fantástica Fábrica de Chocolate*, do galês Roald Dahl (1916-90), oferece à primeira vista um exemplo de pedagogia mal camuflada, com sua estrutura um tanto óbvia de recompensas e punições. Publicado em 1964, o livrinho teve brilhante carreira cinematográfica. Depois da psicodélica versão estrelada por Gene Wilder em 1971 e da espetaculosa refilmagem de Tim Burton, não será exagero incluir *A Fantástica Fábrica de Chocolate* (*Charlie and the Chocolate Factory*, 2005) entre os mitos pop da nossa época.

Na história, as quatro crianças que dividem com Charlie a oportunidade dourada de visitar a Fábrica sucumbem, uma a uma, abatidas pelas próprias fraquezas: Augustus é guloso, Veroca é mimada, Violeta tem obsessão por chiclete e Miguel por TV (jogos eletrônicos, na versão de Tim Burton). Por meio dos dois primeiros personagens, o autor critica a onipotência infantil. Nos dois últimos ele condena, ao contrário, o interesse fetichista numa coisa só, pois a criança deve se entregar com moderação e variedade à experiência do mundo. Tal como faz Charlie, o herói altruísta do livro, que tem sorte em retribuição a seu desempenho irrepreensível nos quesitos filho e neto, que apesar de amar o chocolate mais do que ninguém está pronto a dividir sua barra com a família paupérrima. Nada mais apropriado, nada mais conforme à pedagogia.

O livro foi concebido como fábula extravagante, a começar pelas esquisitices de Willy Wonka, o suspeitíssimo mago do chocolate. O enredo insosso vem envelopado no papel brilhante das maravilhas visuais da Fábrica, que cada filme mostrou na medida da tecnologia disponível no momento. Mesmo assim, há aspectos insólitos, para não dizer perturbadores, nessa história.

O primeiro deles são os umpa-lumpas, achado que desperta o entusiasmo das crianças, sempre deliciadas diante da possibilidade de adultos fisicamente menores do que elas. Sabemos que os umpa-lumpas são um povo pigmeu e tropical, adorador do chocolate, que Willy Wonka teve a ideia de traficar em massa a fim de poder dispensar a mão de obra branca, dada a espionagens industriais (e a salários maiores, presume-se, do que as sementes de cacau que o capitalista paga a seus novos operários). Foi assim que a família de Charlie, aliás, caiu na miséria.

Quem são esses umpa-lumpas? Eles poderiam ser os maias, civilização que prosperou na América Central entre os séculos 3 e 9, considerados os inventores do chocolate, que ingeriam misturado a sumo de milho e pimenta em pó. O hábito se estendeu aos astecas, quando esse povo dominou o que seria o coração do México, e foi absorvido pelo conquistador espanhol, que passou a adicionar açúcar à infusão de chocolate (acrescentar leite foi hábito mais tardio, europeu). Todo didatismo que possa estar investido na figura dos umpa-lumpas não dispersa, porém, o mal--estar perante a brutal "racionalização" do trabalho operada por Wonka, esse inovador, emérito representante da linhagem dos tecnólogos empreendedores à maneira de Thomas Edison (1847-1931) e Henry Ford (1863-1947) – ou Milton S. Hershey (1857-1945), o magnata do chocolate industrializado na vida real.

Será possível que nosso autor tenha deixado escapar, nas entrelinhas de sua história para crianças, todo um resíduo teórico sobre o capitalismo em sua fase avançada, o "desenvolvimento desigual e combinado", a quebra dos sindicatos e a migração da indústria para países de mão de obra barata? Num tempo politicamente incorreto (1964), será crível que esse conteúdo tenha sido contrabandeado de forma impensada, automática, pelo escritor ingênuo, mas antenado? Sabemos que um texto diz coisas que seu autor não imaginou dizer. E não deixa de chamar a atenção que Roald Dahl tenha trabalhado para a Shell na Tanzânia, antes de se destacar como piloto da RAF (Força Aérea Britânica) na Segunda Guerra. O conformismo de sua fábula fica aquém e além das belas intenções: por trás do elogio da disciplina moral desponta o proselitismo de outra disciplina, a fabril. O chocolate, nessa acepção, é o petróleo.

Lendo o livro, revendo os filmes, a tentação é comparar Roald Dahl a uma dessas pessoas que cometem atos falhos tão logo se põem a falar. As mais embaraçosas mensagens teimam em romper a superfície bem comportada da narrativa. Veja-se, por exemplo, o caráter sexual subjacente ao concurso infantil concebido por Wonka, que em outras circunstâncias responderia por aliciamento e assédio de menores. Tão indisfarçável é esse traço sexual que o espectador não falha em reconhecer o espectro de Michael Jackson em Willy Wonka. O diretor Tim Burton e o ator Johnny Depp negaram, em declarações iradas, qualquer semelhança, mas foram eles próprios os primeiros a ser arrastados pelo magnetismo da comparação.

Wonka pedófilo, além de escravagista e chocólatra? São onipresentes os indícios de que ele troca, à sua maneira, "travessuras por gostosuras". Seu desprezo pelos pais das crianças, dos quais tenta se livrar a todo tempo; a concupiscência com que apresenta cada iguaria da Fábrica a seus incautos amiguinhos; seu desígnio de encontrar uma criança que lhe seja de uma obediência a toda prova; sua insistência para que Charlie abandone os pais e venha morar com ele; sua fixação mesma na infância (que Tim Burton pretendeu explicar com uma metáfora odontológica, espécie de trauma da fase oral). A esses ingredientes devemos acrescentar a aura sexual que sempre cercou o chocolate, bebida estimulante, "alimento dos deuses" (como diz seu nome científico, *Theobroma cacao*, conferido pelo próprio Lineu, um apreciador), reservatório calórico ao qual se atribuíam, na Europa dos séculos 17 e 18, propriedades afrodisíacas.

Se for sexo, porém, é sexo mercantilizado, como tudo mais nessa epopeia didática do capitalismo para crianças. A tensão sexual se dissolve na transferência da propriedade de Wonka para seu herdeiro escolhido a dedo e na reconciliação decorosa entre capital e afeto, quando o casebre da família de Charlie é deslocado de sua pobreza dickensiana para os jardins achocolatados da Fábrica. Dentro e fora, os valores são mediados pela moeda uniforme do chocolate, que maias e astecas de fato empregavam como meio de troca, assim como na gíria popular se usa chamar o dinheiro de "cacau".

Roald Dahl emerge destas extrapolações como sociólogo intuitivo, embora distraído. Seu livro preconiza certa moderação da personalidade, necessária para a criança entender que o outro existe, gosta de chocolate tanto quanto ela etc. Preconiza também uma moderação corporal, pois até mesmo o chocolate deve ser consumido sem exagero para ser consumido sempre (vide o destino de Augustus Glup, vide a perene ameaça de esgotamento das reservas de petróleo). Como pano de fundo "neutro" dessas lições de bom senso, nada menos do que o funcionamento encantado do capitalismo e suas verdadeiras maravilhas: a linha de montagem, a concorrência predatória, o desemprego cíclico, a incitação do consumo supérfluo e sobretudo a aceitação dessa engrenagem como simplesmente natural.

Cética, com razão, quanto aos sonhos de reformar a sociedade, nossa época acolhe o conformismo dessas mensagens de muito bom grado. Mas há uma afinidade adicional. É que esse mesmo capitalismo multiplicou a duração da vida humana. Foi o gigantesco salto da longevidade média no século passado que disseminou a adoção de comportamentos tão moderados em tão larga escala. Não estamos mais dispostos a ir à guerra (ou à revolução), nem a correr os riscos de uma vida sedentária, nem mesmo a nos expor à radiação solar ou consumir açúcar, colesterol, nicotina, cafeína, agrotóxicos e uma infinidade de outras substâncias, porque esse é o cálculo – racional, ainda que algo mesquinho – a que somos compelidos pela expectativa de vida longa. Época pouco heroica, portanto, como intuiu Roald Dahl ao criar seu herói cuja ambição se limitava a consumir tanto chocolate quanto possível, desde que isso não prejudicasse os outros nem ele mesmo.

Folha de S.Paulo, "Mais!", 9.10.2005

TODOS OS HOMENS DO PRESIDENTE

Seu olho sempre aberto a todo momento põe a nu as engrenagens secretas da política, e força os homens públicos a comparecer, um após o outro, diante do tribunal da opinião pública.

Tocqueville sobre a imprensa americana, 1835

É tão profunda a marca deixada pelo caso Watergate que o nome se tornou sinônimo de escândalo político, além de exemplo máximo de jornalismo investigativo. Até hoje se batizam fraudes na administração pública pelo acréscimo da terminação *gate*, num eco distante da crise que há mais de três décadas compeliu à inédita renúncia de um presidente dos Estados Unidos, reforçou as prerrogativas da imprensa no sistema de freios e contrapesos da democracia americana e consumou a derrota na Guerra do Vietnã, a única perdida dentre as muitas em que o país se envolveu.

Desde então, jornalistas em todo o mundo se inspiram no modelo profissional que os repórteres Carl Bernstein e Bob Woodward encarnaram na trabalhosa apuração que se estendeu por mais de dois anos, entre a publicação da primeira reportagem e a queda de Richard Nixon em agosto de 1974. A atitude inquisitiva diante da autoridade pública, o recurso a fontes não identificadas (e a regra de exigir pelo menos duas delas para confirmar cada informação), o uso maciço do telefone e do bloco de anotações, a obrigação de se apresentar como jornalista, o intercâmbio de pistas com policiais e promotores, o dever de registrar a versão da parte acusada – nada disso foi inventado pelos dois repórteres, mas se tornou canônico em jornalismo depois do caso Watergate.

Às duas e meia da manhã de um sábado, 17 de junho de 1972, cinco homens foram presos pela polícia dentro da sede nacional do Partido Democrata, no opulento edifício Watergate, em Washington. Com os invasores, que envergavam terno e luvas cirúrgicas, foram encontrados equipamentos de escuta clandestina, câmeras e filmes fotográficos. Um deles declarou ser ex--agente da CIA, o serviço secreto do governo americano. Conhecido pela atenta cobertura de assuntos locais, o jornal *Washington Post* destacou dois jovens repórteres da editoria metropolitana para acompanhar a investigação sobre o arrombamento.

Bob Woodward, então com 29 anos, fora contratado apenas nove meses antes, depois de se graduar por uma universidade de elite, Yale, e servir na Marinha como tenente. Carl Bernstein, 28, era um repórter mais experiente, que não completara o curso superior e andava às turras com seus editores na Redação. Nenhum simpatizava com o outro, ambos lamentaram ter de compartilhar a cobertura. No entanto, a partir da segunda reportagem todas as matérias que fizeram sobre o caso Watergate levaram a assinatura da dupla, por isso apelidada de *Woodstein* no jornal; suas personalidades antagônicas se entrosaram numa parceria em que as qualidades de um pareciam corrigir os defeitos do outro.

Bernstein era mais politizado, mais imaginativo e escrevia melhor, conforme o próprio colega cedo reconheceu, aceitando que ele desse o texto final às reportagens. Woodward, de perfil mais metódico e disciplinado, era quem tinha acesso à misteriosa figura que se revelou o informante decisivo ao longo de todo o caso. Bernstein, judeu nascido em Washington, era *liberal* (jargão americano equivalente a "progressista") e simpatizante da Contracultura, enquanto Woodward provinha de uma família religiosa do interior de Illinois e era um conservador filiado ao Partido Republicano, o mesmo de Nixon. Em termos de estereótipos, um deles era o repórter escolado em engambelar as chefias e se meter nas apurações alheias, ao passo que o outro era o novato prestativo que os colegas acusam de carreirista. Mas ambos tinham enorme apetite profissional. E foram os primeiros a vislumbrar que Watergate era muito mais do que um simples caso de polícia.

O que as reportagens fizeram foi montar passo a passo, num percurso realizado com obsessiva persistência, o quebra-

-cabeças no qual a invasão da sede democrata figurava como "acidente de trabalho" numa vasta trama de ilegalidades posta em funcionamento pelo governo Nixon. Embora o presidente tenha sido reeleito em novembro de 1972 com mais de 60% dos votos, numa vitória acachapante sobre George McGovern, o candidato mais progressista jamais apresentado pelo Partido Democrata, a sombra do caso Watergate continuou a crescer sobre seu segundo mandato. As matérias do *Post* mostraram que os arrombadores mantinham vínculos com membros do Comitê pela Reeleição do Presidente, que dirigentes do Comitê manipulavam uma verba secreta reservada a operações clandestinas para sabotar e espionar adversários políticos – e que a conspiração era comandada pelo principal auxiliar de Nixon, H. R. Haldeman, o equivalente ao ministro-chefe da Casa Civil.

Conforme as reportagens da dupla encurralavam a Casa Branca e provocavam o afastamento de sucessivos auxiliares presidenciais, outros jornais, revistas e as principais redes de televisão também passaram a dar prioridade à investigação do caso. Em janeiro de 1973, os invasores do edifício Watergate e seus chefes imediatos foram condenados por um juiz famoso pela severidade, John Sirica. Em maio começaram as sessões da CPI do Senado sobre Watergate, transmitidas pela televisão. Em junho um ex-conselheiro de Nixon testemunhou que havia discutido a estratégia de acobertamento do caso com o próprio presidente.

No mês seguinte, outro ex-assessor revelou que o presidente vinha gravando todas as conversas em seu gabinete desde 1971. Após longa queda de braço entre a CPI e Nixon, que se recusava a apresentar as fitas e depois cedeu uma versão editada delas, a Suprema Corte decidiu, em julho de 1974, que a Casa Branca tinha de entregar a íntegra das gravações. No mesmo dia dessa sentença, a Câmara deu o primeiro passo para instalar um processo de *impeachment* do presidente, por obstrução da justiça. No dia 8 de agosto, convencido de que seria afastado pela Câmara e condenado pelo Senado, ambos sob controle dos democratas, Nixon renunciou. Deixou no cargo o vice-presidente Gerald Ford, que lhe concedeu anistia no mês seguinte.

O sistema político americano repousa no pressuposto de que todo governo tende ao abuso e à corrupção. Para reduzir o risco, a cada fatia de poder concedida a um ramo do governo corresponde um mecanismo capaz de a restringir ou revogar. Trata-se de um equilíbrio dinâmico em que a balança ora pende para a Casa Branca, ora para o Capitólio, a sede do Congresso. A derrocada da "Presidência imperial" de Nixon deu início a pelo menos uma década de predomínio parlamentar na condução da política americana, além de ter impulsionado a sempre crescente influência da Suprema Corte e consolidado as mais amplas fronteiras para a liberdade de imprensa.

Embora Nixon tenha selado acordos de contenção dos arsenais nucleares com a União Soviética e iniciado uma audaciosa aproximação com sua rival na esfera comunista, a China, ele era um político imbuído da lógica da Guerra Fria. Havia feito carreira no começo dos anos 1950 tomando parte na campanha macartista, que gerou uma caça às bruxas nos Estados Unidos ao apontar simpatizantes da causa comunista infiltrados no governo e na indústria cultural. O mundo estava dividido em dois blocos irredutíveis, que a paridade nuclear impedia de se confrontarem diretamente, deslocando sua beligerância para as respectivas quintas-colunas domésticas e para guerras civis em países como o Vietnã, onde o governo do Norte era apoiado por russos e chineses e o do Sul pelos Estados Unidos.

Quando Nixon assumiu a presidência, em 1969, Washington mantinha mais de meio milhão de soldados engajados numa guerra distante, impopular e de desfecho imprevisível, que terminaria com um saldo de quase 60 mil americanos mortos. A campanha contra a guerra foi o catalisador que reuniu elementos dispersos da Contracultura, o difuso movimento de contestação da autoridade que floresceu no ambiente universitário em meados dos anos 1960 e se projetava na militância pelos direitos dos jovens, negros e mulheres. Pragmático, apesar de ideológico, Nixon adotou uma política de retirada gradual das tropas do Vietnã, ao mesmo tempo em que reforçava os bombardeios contra bases da guerrilha comunista e negociava um cessar-fogo que congelasse as fronteiras entre o Norte e o Sul do país asiático, afinal obtido em janeiro de 1973.

O realismo de sua política externa não impedia, contudo, que o governo julgasse impatriótico o movimento pacifista e o considerasse uma ameaça à segurança nacional. Foi a paranoia característica da Guerra Fria, acentuada pela psicologia do próprio Nixon, que levou a Casa Branca a adotar táticas de guerra contra a oposição, escolhendo seus alvos nas lideranças do movimento radical e na ala progressista que então dirigia o Partido Democrata. Nessa frente interna de combate, em parte real, em parte imaginária, o presidente reservava lugar de destaque para a imprensa liberal da costa leste, adepta das causas progressistas e sua adversária desde os tempos do macartismo. O historiador Paul Johnson, simpatizante de Nixon, cita uma frequente recomendação do presidente a assessores: "Lembrem-se, a imprensa é o inimigo".

Em junho de 1971, *The New York Times*, o mais prestigioso jornal americano e símbolo maior da imprensa "elitista" hostil à "maioria silenciosa" que respaldava Nixon, iniciou a publicação dos assim chamados papéis do Pentágono. Eram trechos de um volumoso estudo confidencial sobre o envolvimento americano no Vietnã, encomendado pelo secretário da Defesa em 1967. Os documentos haviam sido passados ao jornal por Daniel Ellsberg, ex-funcionário do Departamento de Estado. Sua publicação atestava o flagrante divórcio entre as promessas dos governos pré-Nixon de não expandir a intervenção militar e as diretrizes secretas que vinham aplicando em sentido contrário. Dias depois, o *Washington Post* também começou a publicar excertos do material, obtidos com a mesma fonte.

O governo tentou sustar a publicação sob o pretexto de que divulgar os relatórios colocava em risco a segurança nacional, mas a Suprema Corte decidiu a favor dos jornais, não por considerar irrestrito seu direito de publicar documentos do gênero, mas por entender que o governo não provara a necessidade do sigilo. O episódio dos documentos do Pentágono é um preâmbulo do caso Watergate. Nixon também invocou o "privilégio executivo" de reter informações contidas em suas famigeradas gravações em nome da segurança nacional. Se a alegação era duvidosa no caso de 1971, no de 1974 ela mal escondia que a única segurança em risco era a do próprio mandato presidencial.

A publicação dos documentos do Pentágono também está na origem de Watergate porque a partir de então Nixon se tornou obcecado em reprimir o vazamento de informações para a imprensa. Em setembro de 1971, uma equipe de "encanadores", como eram chamados os agentes encarregados pela Casa Branca de "reparar" vazamentos, invadiu o consultório do psiquiatra de Ellsberg, o informante dos dois jornais, em busca de dados embaraçosos sobre seu paciente. Esse e outros tipos de operação clandestina – infiltração de espiões nas campanhas dos democratas e de provocadores em seus comícios, instalação de escutas telefônicas em seus escritórios, difusão organizada de maledicências a respeito de seus líderes – se tornaram habituais até virem à tona com a frustrada missão no edifício Watergate.

Sabe-se que Nixon não foi o primeiro nem terá sido o último presidente americano a autorizar práticas desse tipo (nem tampouco a gravar as próprias conversas); a diferença é que ele foi flagrado, provavelmente porque, tangido pela obsessão, passou a abusar do recurso a ilegalidades. Com sua queda os americanos abandonaram o Vietnã à própria sorte, e o país se unificou sob a bandeira de uma ditadura comunista em abril de 1975, quando caiu Saigon (hoje Ho Chi Minh), a capital sulista.

Todos os Homens do Presidente foi publicado em junho de 1974, dois meses antes da renúncia de Nixon. Mais do que uma reconstituição do caso Watergate, é um relato palpitante da intrincada cobertura jornalística do escândalo tal como vivida pelos dois repórteres, que são os personagens principais de seu próprio livro. Embora eles evitem o uso da primeira pessoa, é por meio do olhar subjetivo de Bernstein e de Woodward que um suposto narrador impessoal descreve as peripécias da dupla. A edição do livro veio a calhar para o ator e produtor Robert Redford, que desde o início da publicação das reportagens percebeu o interesse cinematográfico da história dos repórteres e os vinha assediando com propostas.

Redford comprou os direitos do livro e convidou o roteirista William Goldman e o diretor Alan J. Pakula para fazerem o filme homônimo, lançado em 1976, com o próprio Redford no papel de Woodward e Dustin Hoffman como seu parceiro. O receio de que a película desvirtuasse a narrativa com demasiadas concessões às plateias se revelou infundado. *Todos os Homens do Presidente* (*All the President's Men*, 1976) é um filme ao mesmo tempo sóbrio e nervoso, que condensa o enredo do livro com exatidão incomum no cinema. A câmera tira grande partido do contraste entre a trepidação jornalística e o peso do maquinismo governamental, entre a atmosfera feérica na colorida Redação do *Post* e os ambientes sombrios onde ocorrem as cenas de arrombamento e as visitas noturnas e furtivas dos repórteres a suas fontes.

Mas o elemento mais dramático tanto no livro como no filme é o personagem Deep Throat (Garganta Profunda), a fonte de Woodward que desde o início orientou o trabalho dos dois repórteres. A maior parte das conversas da dupla com testemunhas e informantes se dava em *background* (bastidores), ou seja, as informações podiam ser publicadas desde que atribuídas a uma fonte anônima. (É o que chamamos no Brasil de *off the record*, sem registro, embora nos Estados Unidos essa expressão implique o compromisso de omitir qualquer alusão a fonte, ainda que anônima.) O amigo secreto de Woodward admitia falar em *deep background*, "bastidor profundo", no sentido de que a conversa serve apenas para manter o repórter no rumo certo da investigação. Por causa disso, o secretário de Redação do *Post*, Howard Simons, batizou a fonte com o título de um filme pornográfico célebre na época. Consta que além de Woodward, apenas Bernstein e o editor-executivo do jornal, Benjamin Bradlee, sabiam de sua verdadeira identidade, segredo preservado por 33 anos. A proprietária, Katharine Graham, teria declinado de saber.

Foi somente em julho de 2005 que a revista *Vanity Fair* publicou artigo de um advogado amigo da família de Mark Felt, então com 91 anos, confirmando que ele era Deep Throat. Felt fora um devotado agente do FBI, a polícia federal americana, que subiu na hierarquia até chegar a diretor, sempre sob o patrocínio do todo-poderoso J. Edgar Hoover. Mediante uso de informações obtidas ilegalmente, chantagens e intimidação de funcionários públicos, entre eles alguns presidentes da República, Hoover dirigiu o FBI com mão de ferro durante numerosos governos ao longo de quase cinco décadas, até morrer às vésperas de Watergate, em maio de 1972. A sucessão natural dentro do FBI recairia sobre Mark Felt, mas ele foi preterido, como Iago por Otelo, quando Nixon decidiu nomear um homem de seu círculo de confiança para o posto, L. Patrick Gray III. Seja por ressentimento, seja por corporativismo, Felt se tornou Deep Throat, que na calada da noite se encontrava com Woodward na garagem subterrânea de um estacionamento público.

Woodward conhecera Felt por acaso, numa sala de espera da Casa Branca na época em que o futuro repórter servia na Marinha. Sempre interessado em estabelecer conexões úteis, Woodward puxou conversa, um simpatizou com o outro e eles se tornaram amigos eventuais. Felt sempre frequentou a lista de candidatos a Deep Throat. Numa das conversas gravadas no gabinete presidencial durante a crise, Haldeman, o braço-direito de Nixon, diz ao presidente que o autor dos vazamentos sobre Watergate para o *Post* é Mark Felt. Mas Nixon morreu em abril de 1994, provavelmente sem ter certeza. O enigma só desapareceria de vez com a revelação da *Vanity Fair* de que os filhos de Felt haviam convencido o pai, cuja acuidade mental já declinava, a admitir o segredo a fim de assegurar seu papel histórico – e talvez a remuneração por possíveis relatos ainda por publicar.

Parece bastante provável que sem a orientação e o estímulo de Deep Throat os repórteres do *Post* não teriam conseguido levar sua apuração a bom termo e vissem a história minguar junto com o interesse de seus editores pelo assunto. Por isso, o desvelamento dessa fonte crucial lança uma luz perturbadora sobre a própria exposição do caso Watergate. É plausível vê-la agora como clímax no entrechoque de duas máquinas clandestinas de espionagem e intimidação, ambas incrustadas no aparelho do Estado – uma criada por Hoover e da qual Mark Felt foi o herdeiro no FBI, outra engendrada por Nixon e seus comparsas na Casa Branca.

Um dos métodos usados por Hoover, aliás, era vazar pistas e detalhes comprometedores acerca de suas vítimas para a imprensa, de modo a mantê-las subjugadas pelo terror. O próprio Woodward, depois de a identidade de Deep Throat ter sido anunciada, escreveu que na época tinha a impressão de que Felt o via como um agente sob suas ordens. Que o mais celebrado repórter do jornalismo moderno tenha sido manipulado por um mandarim rancoroso não invalida seu trabalho como jornalista, nem o benefício evidente que dele redundou para o interesse público. Mas recoloca a antiga interrogação sobre quem usa a imprensa e quem é usado por ela. E chama a atenção para a precariedade da cobertura jornalística, ao ressaltar o grau em que ela pode depender de fatores fortuitos para se aproximar da verdade. "Não gosto de jornais", dizia Deep Throat a Woodward, por causa de sua "inexatidão e superficialidade".

Bernstein tomou a iniciativa de deixar o *Washington Post* em janeiro de 1977 para se dedicar a uma carreira um tanto errática como jornalista autônomo e escritor. Publicou um artigo em abril de 2006 no qual compara Richard Nixon a George W. Bush para sugerir que este merecia sofrer *impeachment* tanto quanto aquele. Woodward continua no *Post*, onde ocupa posição semelhante à de editor-associado. A aura de príncipe do jornalismo americano, que só cresceu ao longo das décadas, ficou empanada pelo entusiasmo com que o repórter mergulhou na versão da Casa Branca sobre a Guerra do Iraque, a ponto de se dizer que ele mesmo havia se tornado um dos "homens do presidente". Seu livro de 2006, *State of Denial*, aparenta uma tentativa tardia de corrigir a credulidade dos dois livros anteriores sobre a reação do governo Bush aos ataques de 11 de setembro de 2001.

[2006]
Prefácio à reedição do livro de Bernstein e Woodward,
ainda não publicada.

ORWELL, UMA RESENHA IMAGINÁRIA

Sobre a oportunidade desta reedição do clássico estudo atribuído a Emmanuel Goldstein, *Teoria e Prática do Coletivismo Oligárquico*, basta dizer que ela preenche literalmente uma lacuna. Durante gerações, tudo o que se conhecia daquela obra eram trechos, pinçados pelo escritor George Orwell (1903-50) e transcritos em seu romance *1984*. O livro mesmo permaneceu envolto nas brumas da clandestinidade e, mais tarde, do simples esquecimento.

Houve, decerto, outras edições do ensaio, mas que circularam em condições precárias e sob o mais estrito sigilo, naquelas décadas terríveis da segunda metade do século 20. Se algum desses exemplares ainda existe, é relíquia pessoal de colecionador. Do volume não constará o nome do editor, nem do autor. Muito se tem especulado sobre a identidade de Goldstein.

Teria sido ele o rival derrotado pelo Grande Irmão nas lutas pelo poder, convertido depois em líder da Fraternidade, organização subversiva cuja existência seria tão duvidosa quanto a de seu fantasmagórico chefe? Essa a versão oficial, o que parece suficiente para desacreditá-la. O verdadeiro autor seria porventura o agente O'Brien, arguto intelectual a serviço da Polícia do Pensamento, que Orwell descreve em seu livro? Seria talvez o próprio Grande Irmão quem se dedicara a forjar, com toques de doentio senso de humor, um inimigo imaginário que justificasse a mais total tirania?

Se o pensamento de Goldstein agora se revela ao leitor ávido por compreender melhor o sombrio século 20, sua identidade permanece um mistério. Chegou-se a especular que ele seria Leon Trótski, literato e revolucionário russo assassinado a mando de Stálin em 1940. Hipótese descabida, pois há sólidas razões para estabelecer que o livro de Goldstein foi escrito em data nunca anterior a 1948.

Não será exagero afirmar que as passagens transcritas por Orwell oferecem apenas um vislumbre do ambicioso panorama que a filosofia da história de Goldstein pretende descortinar. Em resumo, ele diz que as sociedades humanas sempre estiveram divididas em três classes – alta, média e baixa –, sendo seu antagonismo irreconciliável. De tempos em tempos a classe média depõe a alta e toma seu lugar. Mas logo surge uma dissidência, uma nova classe média, destinada a depor a alta e assim sucessivamente. Em qualquer grupo humano haveria uma propensão a formar sedimentos em três camadas.

Com o advento da máquina, pela primeira vez a humanidade passou a dispor de meios para garantir subsistência a todos. Estava aberta a possibilidade de abolição das classes sociais. A classe que assumira o poder no século 20 em nome do proletariado precisava, portanto, de uma estratégia que perpetuasse a miséria da maioria, para perpetuar também seu domínio sobre as demais classes. Essa estratégia foi a da guerra sem fim.

Três potências repartem o globo e se combatem de forma tão permanente quanto fútil, pois nenhuma pode nem deseja vencer. O propósito é justificar o Estado totalitário vigente em cada uma delas. Na base se acham os "proles", proletários tornados párias. Uma camada acima, os membros do Partido Externo, que vivem no limiar da miséria, sob disciplina e vigilância implacáveis. No topo, o Partido Interno, uma elite privilegiada que governa em nome do Grande Irmão.

É possível que até mesmo o ditador fosse figura inventada pela propaganda, já que a essência do regime era seu caráter coletivo e impessoal. Pelo uso científico da mentira e da intimidação, pelo controle dos comportamentos e pela manipulação até da linguagem, o Partido se tornara indestrutível. O enfoque do livro é analítico, mas o tom é de um extremo pessimismo, admitindo como única esperança, ainda assim remota, que algum dia os "proles" viessem a se revoltar.

No livro de Goldstein se entrelaçam as correntes intelectuais que convulsionaram o século 20. A influência de sociólogos conservadores como Gaetano Mosca e Vilfredo Pareto fica patente na sua versão peculiar de "circulação de elites". A ditadura do Partido parece inspirada nas concepções de Robert Michels. Mas Goldstein, por dissidente que tenha sido, pensa como marxista. Adota o postulado de que a luta de classes é o motor da história. Contra Malthus e como Marx, ele acredita que a tecnologia seria capaz de gerar abundância irrestrita de recursos e prover toda a população. Sua "guerra permanente" é tributária de teóricos do imperialismo, como Lênin e o próprio Trótski. Conforme sabemos, porém, o inexpugnável edifício descrito por nosso autor ruiu num sopro. O tempo demonstrou que a perenidade do Partido e as demais profecias de Goldstein estavam redondamente equivocadas. O Leviatã é um animal enjaulado, a liberdade voltou, o mundo prospera. Influente no passado a ponto de ser referida simplesmente como "o livro", sua imaginativa obra fica hoje relegada à galeria de excentricidades de um século aberrante.

Em nossos dias, ninguém mais está sob vigilância de câmeras ou tem seus dados pessoais monitorados por alguma entidade invisível. Não existem blocos geopolíticos em confronto permanente, a respaldar guerras em pontos remotos de suas vastas áreas de influência, nem alguma rede clandestina dedicada a destruir as instituições em escala mundial. A propaganda e a televisão foram banidas de forma espontânea. Toda a população do planeta vive em condições adequadas, e os governantes, assim como os resenhistas, já não mentem mais.

Folha de S.Paulo, "Mais!", 30.9.2007

A DESCENDÊNCIA DE DARWIN

Um fantasma ronda as ciências humanas: o fantasma do darwinismo. O assédio começou em meados do século passado, de forma despercebida, nos confins de uma disciplina então incipiente – a etologia –, voltada ao estudo do comportamento animal. O pressuposto desses pioneiros, zoólogos darwinistas, era que o comportamento contribui para um maior ou menor sucesso evolutivo, sobretudo entre os animais sociais, que cooperam entre si. Por consequência, também os comportamentos devem ter sido "selecionados" em termos evolutivos, ou seja, teriam predominado ao longo do tempo aqueles que propiciam a seus portadores viver mais e deixar prole mais numerosa.

As espécies sociais existem em vários ramos da natureza. Além das formigas, abelhas, vespas e cupins, o grupo inclui determinados peixes, aves e mamíferos – entre estes, os homens. Não tardou para que extrapolações da etologia fossem aplicadas, de maneira cautelosa e especulativa, à espécie humana. Os próprios etólogos foram os primeiros a ressalvar que, no caso da humanidade, a herança biológica se mescla à cultural num amálgama impenetrável. Por imensa que seja a variação cultural entre os homens, no entanto, para esses autores ela sempre será expressão de uma matriz genética e inconsciente, adquirida de forma evolucionária nos 5 milhões de anos desde que nos destacamos dos símios.

Lançou-se nas décadas seguintes uma nova ciência, a sociobiologia, que se propunha a realizar um ambicioso programa: estabelecer a ponte necessária entre cultura e natureza, entre ciências humanas e ciências naturais, para enfim completar o majestoso edifício da razão materialista, tendo a física e a química como alicerce. Seu postulado era o darwinismo – a teoria visionária do século 19 que a ciência contemporânea confirmou integralmente. Seu método, empírico e matemático. Quanto a seu alvo, por mais que os neodarwinistas evitassem admiti-lo, não poderia deixar de ser as ciências sociais. Estas reagiram com ultraje à invasão de seu sacrossanto domínio, o da autonomia da cultura. Ignoraram os arrivistas. Quando replicaram foi com a retórica de costume, acusando-os de fazer ideologia disfarçada em ciência, explicando pacientemente que o método das ciências humanas não pode ser o mesmo das ciências exatas. Mas não parece que as humanidades se encontrem numa posição invejável, do alto da qual possam distribuir lições. Excetuada a economia, que desfruta de um crescente sucesso mundano e, ao que consta, científico, elas não têm se destacado por sua vitalidade intelectual.

Por motivos em boa parte políticos, os de legitimar todas as diferenças que não sejam sociais, a antropologia e os "estudos culturais" se acomodaram num relativismo indiferente, que renunciou à pretensão mínima de qualquer ciência, a capacidade de identificar e organizar padrões, a aptidão para generalizar. A filosofia há muito se reduzira a mera crítica da linguagem, cética quanto à própria ideia de que algo possa ser explicado de modo não tautológico. Já a sociologia não se recuperou do impacto desfechado pela dissolução do experimento socialista nos anos 1980/90. Pois não foi apenas o marxismo, que exerceu um domínio hipnótico sobre as ciências humanas no século 20, que sofreu um xeque-mate com a derrocada do "socialismo real". Foi atingido também o projeto, acalentado pela sociologia desde o início, de transformar a sociedade de alto a baixo, segundo critérios de planejamento racional, com vistas a superar a forma ao mesmo tempo iníqua e perdulária de sua organização espontânea, "natural". Desbancada de sua soberba, a sociologia tenta imitar a economia, tomando lições de matemática. Restou incólume a história, isolada em eterna ruminação.

Duro revés após começo tão intrépido. As ciências sociais têm sua origem no iluminismo do século 18, o vibrante movimento de ideias que pretendeu aplicar a razão científica, tão eficaz nos séculos anteriores para decifrar e manipular a natureza, ao estudo e à reforma da sociedade. Condorcet (1743-94), o último dos filósofos iluministas, terá sido também o mais explícito nesse sentido. Nos meses em que esteve foragido da ditadura jacobina, pouco antes de morrer em circunstâncias mal esclarecidas na prisão, ele escreveu sua última obra, um esboço de reforma das instituições sociais com base no método emprestado às ciências exatas. Adolphe Quételet propôs em 1835 uma "física social", que encontraria seu messias em Comte (1798-1857), considerado o fundador da sociologia. Toda fantasia metafísica sobre o homem e a sociedade deveria ser descartada para dar lugar ao estudo dos fatos estritamente sujeitos a comprovação e mensuração, daí o nome "positivismo" dado à doutrina que concebeu.

Mas na sociedade humana as variáveis – para falar em termos científicos – são de tal forma numerosas e entrelaçadas que o método empírico não dá conta de sua complexidade. Um outro movimento de ideias, o romantismo, inspirou a noção alternativa de que às ciências humanas caberia desenvolver um método próprio, o histórico. Do estudo comparativo de diferentes situações geográficas e históricas seria possível inferir certas regularidades, algo semelhante às leis que a ciência discernia no funcionamento da natureza. Mais promissor do que quantificar uma multidão de fatos seria compreender os processos, a relação qualitativa, sempre dinâmica e instável, entre eles.

O século 19 foi pródigo, a partir daí, em teorias sociais baseadas na evolução histórica (o positivismo inclusive), cada uma a pleitear a sua própria sucessão de estágios, fases, modos de produção rumo a uma superação constante. Marx (1818-83) e Nietzsche (1844-1900), antagônicos em quase tudo, concordariam quanto a isto: o homem é um animal que não está "pronto", que ainda está-se fazendo por meio da história. Mas enquanto as ciências da natureza prosseguiam de proeza em proeza, elevando a população, a longevidade e o bem-estar humanos numa proporção geométrica no século 20, os empenhos da ciência social contribuíram para dar forma a conflagrações e massacres de escala também inaudita, sob responsabilidade do totalitarismo socialista e de sua contrapartida, o fascismo. O primeiro foi aplicação direta do marxismo; o segundo, em parte uma reação histórica ao avanço do socialismo marxista, apropriou-se da tentativa de prescrever certos aspectos da teoria da seleção natural à organização da sociedade: a eugenia e o darwinismo social. O próprio Darwin, porém, havia desautorizado a utilização política de suas ideias. Vamos ver que ideias eram essas, capazes de deflagrar uma controvérsia que nunca termina.

Quando Charles Robert Darwin (1809-82) embarcou como naturalista de bordo do navio britânico Beagle, em 1831, a então chamada "transmutação" das espécies já era assunto polêmico na comunidade científica. A descoberta de fósseis de animais desconhecidos solapava a noção tradicional de que todos os seres seriam obra de um único ato de Criação. Surgiam indícios, ao mesmo tempo, de que a Terra é muito mais antiga do que os 6 milênios que lhe eram atribuídos pela exegese da Bíblia.

No mesmo ano em que Darwin nasceu, o francês Jean-Baptiste Lamarck publicou um livro onde discutia a tese, que ficou associada a seu nome, segundo a qual o mecanismo da evolução dos seres seria o uso dos órgãos. No famoso exemplo, as girafas se esforçariam por alcançar e comer as folhas na copa das árvores; desse esforço constante resultariam pescoços mais longos e vigorosos, e essa característica seria transmitida às sucessivas gerações.

Na posição oposta, um autor eclesiástico, William Paley, colocava em circulação a metáfora do relógio, até hoje usada pelos adeptos do criacionismo. Se ao andar por uma trilha, diz Paley, alguém encontra um relógio no chão, só pode concluir que algum artífice o projetou. Seria inconcebível que as partes pudessem reunir-se numa coordenação espontânea. Idêntica conclusão seria imposta pelo relógio da natureza, a vasta multiplicidade de plantas e animais, todos em perfeito funcionamento, concebidos até o mais ínfimo detalhe em maravilhosa harmonia. Darwin havia lido esses escritores quando estudante, para não mencionar seu avô, o filósofo Erasmus Darwin, autor de uma dissertação lamarckiana sobre os seres vivos.

Os cinco anos a bordo do Beagle, numa viagem em volta do hemisfério sul, certamente ampliaram a visão de Darwin tanto sobre a diversidade das formas de vida como sobre as misteriosas conexões entre elas. As origens de sua teoria, no entanto, não se acham em alguma iluminação obtida nas ilhas Galápagos ou outro ponto remoto do globo, mas na meditação sobre dois livros influentes e no exame de uma prática habitual entre criadores de espécies domésticas na Europa. O primeiro desses livros é o *Ensaio Sobre o Princípio da População*, de Thomas Malthus, publicado em 1798. Apresentado como réplica ao otimismo reformador de Condorcet, o estudo gira em torno de uma constatação perturbadora: enquanto a população cresce em razão geométrica, os meios de subsistência crescem em razão aritmética. O aumento demográfico é contido pela doença, pela guerra e pelo "vício" (sexo não reprodutivo). Ainda assim, a fecundidade cedo ou tarde multiplica o número de indivíduos até o máximo permitido pelos meios de subsistência; atingido o limite, a fome se encarrega de frear a progressão. Malthus diz que "essa lei impregna toda a natureza animada" e a chamou de "luta pela existência".

Cada desenvolvimento dos meios técnicos, ao torná-los mais produtivos, alivia a escassez, mas por isso mesmo dá livre curso à fecundidade até que o limiar da fome seja de novo alcançado. Toda tentativa de derrotar a miséria derrota seu intento, ele afirma, pois "nenhum progresso observável foi obtido até agora no sentido de extinguir as paixões entre os sexos". O melhor controle seria que cada homem fosse precavido o bastante para produzir tão-somente a prole que pudesse sustentar. O surgimento dos modernos anticoncepcionais suspendeu a vigência do princípio de Malthus, ao tornar seu conselho mais praticável. Sempre que lemos, porém, sobre o esgotamento dos recursos naturais do planeta, deveríamos imaginar o fantasma desse lúgubre autor a sorrir na eternidade.

O outro livro, publicado em 1830, é *Princípios da Geologia*, de Charles Lyell, considerado o maior geólogo do século, mais tarde amigo de Darwin. O tratado esclarecia fatos intrigantes, a exemplo da descoberta de conchas do mar no cume de cordilheiras. Argumentava que a superfície da Terra vem sendo refeita continuamente, não só por cataclismos capazes de ejetar terrenos submersos e fazer mergulharem antigos planaltos, mas sobretudo pela ação paciente dos ventos, chuvas e marés. Lyell mostrou que pequenas alterações, desde que acumuladas, pro-

duzem efeitos portentosos, e ensinou Darwin a pensar em termos de um tempo incomensuravelmente longo.
A terceira fonte do achado de Darwin não poderia ser mais prosaica. Era antigo costume, entre criadores de pombos, cães e outros animais de uso doméstico, escolher os exemplares mais aptos para determinados fins ou que ostentassem algum traço valioso e promover cruzamentos entre eles, de modo a acentuar, geração após geração, essas características desejáveis. Darwin tornou-se ele mesmo criador de pombos e se correspondeu durante décadas com outros manipuladores de linhagens. Refletiu sobre o que eles já sabiam: que em todas as espécies os indivíduos variam ligeiramente, que as variações são transmitidas à descendência e, tendo sido "selecionadas" durante sucessivas gerações, tornam-se mais agudas.

A originalidade de Darwin foi vislumbrar uma seleção realizada não pelas mãos do homem, mas pelos imperativos do ambiente. A ferocidade da competição pela subsistência, evocada por Malthus, converteria toda pequena variação fortuita, desde que benéfica a seu possuidor, numa vantagem apreciável. Transmitida a descendentes sempre mais numerosos, essa variante acarretaria uma vantagem permanente na competição com os demais, até se tornar universal naquela espécie, quando todos os indivíduos que não a portassem já tivessem desaparecido sem deixar descendência. A acumulação desse processo ao longo de inúmeras gerações daria à luz novas espécies, numa diferenciação crescente entre elas. A natureza podia "esperar" que surgissem, da infinidade de variações entre os indivíduos, aquelas que por acaso se revelassem vantajosas e fadadas, portanto, a se disseminar, pois sua escala de tempo não era humana, conforme Lyell fizera ver, mas geológica. Havia sido encontrada uma maneira de explicar como as partes do "relógio" poderiam juntar-se sem a intervenção de uma inteligência situada fora delas.

É uma ideia simples, quase óbvia. Atende com elegância admirável os requisitos científicos de parcimônia e amplitude explicativas. Impõe-se como consequência da conjugação de cinco fatores: alta fecundidade, variação individual, competição implacável, transmissão hereditária e tempo – muito tempo. O naturalista T. H. Huxley (1825-95), mais tarde chamado de "buldogue de Darwin" pelo zelo com que passou a defender a ideia, teria exclamado ao tomar conhecimento dela: "Que idiota eu fui de não ter pensado nisso antes!". De certa forma, ela deveria ser tão pouco surpreendente quanto a constatação de que a água de um rio assume exatamente a forma do leito e das barrancas. Mas trata-se de uma simplicidade aparente, traiçoeira.

O raciocínio percorrido por Darwin vai contra nossos hábitos mentais ou, mais precisamente, inverte o padrão habitual do pensamento, fazendo "antes" e "depois" trocarem de lugar. Não é que alguma intencionalidade tenha dirigido a organização dos seres vivos, mas é o resultado gradualmente acumulado que, visto em retrospectiva, parece ter sido intencional. Plantas e animais são como são porque um número incalculável de outras possibilidades se mostrou menos eficiente e logo pereceu. Basta uma alteração ambiental importante, porém, para que apareçam novas frestas adaptativas e novas espécies surjam no encalço de seu aproveitamento. Para tornar a ideia mais inteligível, apesar de sua simplicidade (ou por causa dela...), costuma-se recorrer a uma linguagem metafórica, antropomórfica, recheada de "é como se" – é como se os seres "tentassem" se adaptar ao ambiente, é como se as espécies "quisessem" se perpetuar etc. Nosso hábito prático de atribuir intenções, sentido e finalidades adere à língua, que não consegue se desfazer dele. O primeiro a incidir nesse tipo de linguagem foi o próprio autor, quando batizou o mecanismo com a expressão "seleção natural", como se algo ou alguém escolhesse ativamente entre as variações.

Depois de fazer uma descoberta desse porte, segundo seus cadernos de anotações em setembro de 1838, Darwin ficou 21 anos sem publicá-la. Redigiu um breve manuscrito em 1842, outro em 1844, deu conhecimento do assunto a três amigos, entre eles um incrédulo Lyell, e afundou numa prolongada pesquisa sobre cracas, o minúsculo crustáceo que adere ao casco dos navios. Essa atitude é tradicionalmente atribuída ao receio de afrontar a religião. Darwin era agnóstico, na expressão inventada pelo amigo Huxley, mas provinha de uma família de clérigos; sua mulher (e prima em primeiro grau), Emma, era uma espécie de beata. É congruente com a personalidade do marido que o temor de uma repercussão escandalosa tenha contribuído para o silêncio. Mas não é plausível que tenha sido esse o motivo principal. Sobretudo um cientista, Darwin não ignorava que o desafio de toda hipótese atraente é demonstrá-la. E demonstrações cabais eram necessárias no caso de hipótese tão cativante, sem dúvida, pela facilidade com que iluminava num só clarão toda uma vasta esfera de fenômenos, mas ao mesmo tempo tão temerária no que continha de inverossímil, de bizarro, de avesso ao mais elementar senso intuitivo. O naturalista entregou-se a um silencioso trabalho de observação, além de estender uma rede de contatos com colegas, criadores, informantes e coletores de espécimes pelo mundo afora. Preparava um compêndio irrefutável que abrigasse um acúmulo esmagador de provas. Teria prosseguido não se sabe por quanto tempo não fosse a carta que recebeu em junho de 1858.

O missivista, Alfred Russell Wallace (1822-1913), escrevia da ilha de Ternate, na atual Indonésia. Era um jovem naturalista galês que vinha seguindo os passos de Darwin. Também estivera na América do Sul (inclusive no Brasil), lera com atenção os livros de Lyell e de Malthus, conhecia o relato de Darwin sobre a viagem do Beagle e havia escrito um ensaio sobre o problema da evolução, que um renomado astrônomo da época qualificara de "mistério dos mistérios". Sem os recursos familiares e o prestígio científico de Darwin, Wallace vivia dos espécimes que coletava nas florestas tropicais e vendia ao mercado europeu. Certo dia, acometido de malária, tremendo de febre numa cabana na selva, teve uma inspiração. Resolveu relatá-la numa carta a Darwin, a quem vendera carcaças de animais.

Ao ler a correspondência, no outro extremo do mundo, Darwin ficou atordoado. O texto era um resumo da teoria da seleção natural, às vezes com o emprego de idênticas expressões. Como Wallace pedia na carta que Darwin a mostrasse para Lyell, caso visse nela algum valor, foi isso o que ele fez, deixando que o geólogo arbitrasse a melindrosa questão. Lyell e outro amigo, o botânico Joseph Hooker, propuseram que um dos manuscritos que Darwin escrevera na década anterior fosse lido juntamente com a missiva de Wallace numa sessão científica. Darwin concordou, Wallace não foi consultado (declarando-se satisfeito com o acordo de cavalheiros mais tarde). A leitura foi providenciada às pressas e ocorreu a 1º de julho de 1858 na Linnean Society, onde foi recebida com indiferença. No ano seguinte Darwin publicava *A Origem das Espécies*, que produziu impacto imediato. Consta que até a rainha Vitória o leu.

A urgência fez bem ao livro. O que seria uma caudalosa digressão destinada a especialistas se condensou num volume com cerca de 400 páginas, escrito em linguagem acessível. Como é próprio num autor vitoriano, Darwin adota um andamento circunspecto e judicioso. O argumento se propaga em suaves ondas de persuasão, cautelosamente, como se as evidências forçassem autor e leitor a aceitá-lo quase a contragosto. É notável que a maioria das objeções até hoje apontadas contra a teoria sejam discutidas em detalhe já no livro em que ela é exposta. A formação miraculosa de um órgão complexo como o olho. O fato espantoso de que o favo com cavidades hexagonais é a melhor solução geométrica para armazenar um máximo de mel com um mínimo dispêndio de cera. A dificuldade oferecida por um membro como a asa, que só poderia beneficiar seu portador depois de estar "pronta" para fazê-lo voar. O chocalho da cascavel, que denuncia sua presença para possíveis presas. Darwin contorna essas e outras objeções, não sem antes tê-las exaltado como dificuldades quase intransponíveis.

As ideias de Darwin foram recebidas com alarme e inquietação, que deram lugar a manifestações de repugnância quando ele as aplicou ao caso específico da espécie humana, no livro *A Descendência do Homem e a Seleção Sexual* (1871). Foi então que o assunto se tornou sensacional e proliferaram as charges em que Darwin aparece com corpo de macaco. Sempre que pensamos na repulsa ao darwinismo, logo vêm à mente os criacionistas de hoje, com sua necessidade psicológica de manter os cordéis da natureza nas mãos de um senhor barbudo que mora no céu. Não foi essa a reação do público vitoriano, já demasiado esclarecido para dar ouvidos ao fundamentalismo religioso e a interpretações literais das escrituras. É possível ser devoto e darwinista ao mesmo tempo. Deus não precisa pilotar pessoalmente a evolução natural para existir, assim como ninguém espera que Ele se esfalfe para intervir no movimento dos corpos ou nas trocas de energia: basta que tenha criado as leis do universo e se recolhido, como diz o *Gênesis*, a um merecido repouso. Podendo conviver com a noção de um arquiteto oculto, não é menos verdade que a teoria da seleção natural prescinde dela. Mas sua implicação realmente devastadora é outra. Ela revela uma natureza que nada tem da concórdia idílica das pastorais, mas que irrompe, como no verso de um poema de Alfred Tennyson publicado em 1851, "com dentes e garras rubros" de sangue. Sua lei é a do egoísmo mais desabrido, seu método é a destruição dos mais fracos, seu propósito é nenhum. Toda moralidade, qualquer sentido de compaixão ou renúncia, o próprio cristianismo não passa de precária trégua que os homens aceitam mal e cumprem pior, antes de sucumbirem na voragem dos seres.

Se essa é a lei da natureza, por que não haveria de ser também a dos homens? O sistema concebido pelo darwinismo como explicação da natureza foi convertido em doutrina a ser prescrita à sociedade. Inventor da expressão "sobrevivência do mais apto", tendo chegado ao evolucionismo por um caminho próprio, Herbert Spencer (1820-1903) terá sido o primeiro sociólogo a parasitar o darwinismo, sob a desaprovação de Darwin e Huxley, para quem o homem está imerso na cultura, que remodela as pressões da biologia. Vivia-se, entretanto, a fase mais ostensiva do imperialismo. O pensamento europeu era receptivo a teorias que se prestassem a endossar a dominância dos povos "civilizados", das raças "superiores", das classes dominantes. Ao longo das décadas seguintes, à medida que nacionalismo e racismo se combinavam de forma agressiva, as ideias de Darwin seriam convocadas para justificar políticas de mistificação pseudocientífica, expansão territorial e genocídio.

No âmbito científico, persistiam dúvidas. Em 1871, por exemplo, um diletante escocês, Fleeming Jenkin, apresentou certa objeção que preocupou Darwin sobremaneira. Jenkin observava que as características genéticas parecem diluir-se ao longo do tempo. Se uma população de pele clara, digamos, reproduzir-se com outra de pele escura, os descendentes terão pele de cor intermediária. Pelo mesmo motivo, eventuais variações favoráveis que pudessem surgir ao acaso seriam dissolvidas logo nas gerações subsequentes. Ficava inviabilizado um dos pilares da teoria. Darwin reconheceu que o processo da hereditariedade era uma incógnita e ofereceu suas especulações a respeito. Pelas dúvidas, sempre sustentou que o mecanismo lamarckiano atuaria como força auxiliar da evolução. Quando morreu em 1882 e foi enterrado na abadia de Westminster, cercado de reconhecimento universal, a seleção natural continuava uma hipótese ainda por comprovar.

As características genéticas se combinam, mas não se misturam no sentido de resultar uma "média" entre elas. São transmitidas intactas e permanecem distintas na descendência. Foi essa a descoberta do monge austríaco (hoje ele seria tcheco) Gregor Mendel (1822-84) no experimento em que estudou a reprodução de linhagens de ervilhas. Escolheu a planta pelas variações nítidas no aspecto do grão: rugoso ou liso, amarelo ou verde, redondo ou angular. Essas características não se diluíam ao longo dos cruzamentos, mas reapareciam a frequências regulares. Em cada dupla de opções, uma delas era mais frequente. Mendel traduziu as frequências em fórmulas matemáticas. Os caracteres mais reincidentes ele chamou de "dominantes"; "recessivos" os outros. (No exemplo da cor da pele, o resultado é intermediário porque vários genes contribuem para determinar esse traço físico).

Embora a experiência de Mendel já estivesse em curso quando Darwin decidiu escrever *A Origem das Espécies*, a publicação dos resultados permaneceu ignorada até ser redescoberta em 1900, dando origem à genética, a ciência da hereditariedade. Sabe-se hoje que as instruções químicas para construir os seres vivos estão "escritas" nas moléculas de um ácido, o DNA. Cada célula tem no seu núcleo uma cópia do conjunto das instruções, embora só uma ínfima parte destas determine a feitura daquele tipo específico de célula. Fitas de DNA estão empacotadas, no núcleo das células, em corpúsculos chamados cromossomos. Na espécie humana, eles são 46.

Formam, na realidade, 23 pares. Digamos que os cromossomos do primeiro par sejam 1A e 1B, os do segundo 2A e 2B, e assim por diante até 23A e 23B. Enquanto a série A proveio inteiramente de um dos genitores, a série B se originou do outro. Todo par de cromossomos contém a "receita" para construir certos órgãos e funções, mas cada elemento do par contém uma "receita" alternativa, algo diferente da outra. As partículas em que o cromossomo pode ser dividido são os genes. Estima-se que sejam 25 mil na nossa espécie. Na maioria das vezes os genes que integram cada par "dão" idênticas instruções, mas em muitos casos as instruções são diferentes. As duplas de genes que rivalizam para prevalecer no cromossomo são chamados de alelos. De sua competição resultam as variações entre os indivíduos, os traços "dominantes" e "recessivos" de Mendel. Mutações, ou seja, defeitos na cópia de genes, também geram variações, em geral nocivas ao organismo.

Essa é a estrutura básica de todas as células do corpo, exceto as células sexuais, espermatozoides e óvulos. No núcleo destas existem, em vez de 46, apenas 23 cromossomos. Cada um deles é a metade daquilo que será, em caso de fecundação, um par. Nenhum deles é igual a nenhum cromossomo do homem do qual proveio, no caso do espermatozoide, ou da mulher, no caso do óvulo. Cada um dos 23 cromossomos foi formado com trechos de DNA "arrancado" tanto da série A quanto da série B do homem, no caso dos espermatozoides, e a mesma coisa no caso do óvulo. Assim, a cada geração uma loteria genética embaralha genes que são transmitidos à geração seguinte em novas combinações, mas intactos. Cada célula sexual é única, no sentido de ligeiramente diversa de todas as outras. Todo indivíduo também é único, num sentido bem mais preciso que o da retórica humanística.

Conforme revelava o essencial desses mecanismos em descobertas que se sucederam nas primeiras décadas do século 20, a genética confirmava, ao mesmo tempo, o cerne das teses de Darwin. Aos poucos, a teoria da seleção natural emergiu do limbo científico ao qual estivera relegada, convertida desta vez em ciência "dura", passível de ser comprovada no laboratório e expressa em linguagem algébrica. Muitos tomaram parte nesse trabalho coletivo, mas aos britânicos R. A. Fisher (1890-1962) e J. B. S. Haldane (1892-1964) e ao russo-americano Theodosius

Dobzhanski (1900-75) é atribuída a formulação, nos anos 1930 e 40, da chamada "síntese moderna", demonstrando que são compatíveis os esquemas darwinista e mendeliano e que sua conciliação matemática é a chave do funcionamento da natureza. É de Haldane, que foi comunista, a famosa resposta para uma pergunta sobre o que a seleção natural revela a respeito da mente de Deus: "Uma paixão desmedida por besouros".

Toda uma gama de fenômenos, porém, ainda desafiava a teoria. Por que certos pássaros piam para alertar seus companheiros sobre a presença de um predador, correndo o risco de chamar uma perigosa atenção para si? Por que as abelhas, quando a colmeia é ameaçada, desferem ataques suicidas, já que ao picar o intruso seu ferrão acaba decepado e elas morrem? Por que as formigas dedicam toda sua vida e lutam até a morte em prol das irmãs? Comportamentos altruístas são comuns nas espécies sociais, o que pode parecer simpático numa perspectiva moral, mas é embaraçoso do ângulo darwinista. Como o altruísmo tende a prejudicar quem o pratica, deveria ter sido eliminado pela seleção natural. Na falta de coisa melhor, recorreu-se à interpretação bastante mística de que no altruísmo os indivíduos se sacrificam pelo bem da espécie.

O livro *O Gene Egoísta* (1976), do inglês Richard Dawkins,[1] foi concebido para refutar essa noção e sustentar que também o altruísmo está radicado no "egoísmo" dos genes. O autor se propõe a fazer uma exposição didática do trabalho de quatro biólogos da geração seguinte à de Fisher e Haldane, especialistas em genética populacional a quem o livro é consagrado: os britânicos J. Maynard Smith (1920-2004) e W. D. Hamilton (1936-2000), e os americanos G. C. Williams e R. L. Trivers. As descobertas que fizeram, ocultas do público leigo em publicações especializadas, extravasam o problema técnico do altruísmo para desvendar um amplo panorama do comportamento animal naquelas esferas que mais influem no êxito darwiniano, sempre expresso em sobrevivência e fecundidade máximas: agressão, acasalamento, cooperação e dissimulação.

[1] Reeditado em nova tradução de Rejane Rubino. São Paulo: Companhia das Letras, 2007.

Para esses autores existe, decerto, uma competição entre espécies que ocupam um mesmo nicho e entre indivíduos de uma mesma espécie. Mas o nível básico da competição, aquele onde se encontra em última análise o gargalo da seleção natural e ao qual todas as demais formas de competição podem ser reduzidas, é o nível dos genes. Se uma espécie é bem-sucedida, se um indivíduo deixa prole saudável e numerosa, tudo o que uma e outro fazem é disseminar mais cópias de seus respectivos genes na forma de uma quantidade maior de organismos.

Das evidências dessa ideia, já intuída por Fisher e levada às últimas implicações por seus quatro "heróis" nas décadas de 1960 e 70, Dawkins extrai uma poderosa imagem: os seres vivos são veículos temporários que os genes fabricam e utilizam para se perpetuar no tempo. Mais do que etólogo, Dawkins é um escritor imaginativo, dotado de talento incomum para a metáfora e a generalização. Os indivíduos, assim como os grupos, são "federações temporárias" de genes. Cada geração é uma partida de baralho na qual os cromossomos são as "mãos" e os genes são as cartas. Baleias, girafas ou seres humanos, somos "gigantescos e desajeitados robôs" construídos por aglomerados de genes para funcionar como seu abrigo provisório. Peixes são "máquinas" de sobreviver na água; macacos, de sobreviver nas árvores. Se vírus e bactérias viajam por meio dos fluidos corporais de um organismo infectado a outro, os genes, que tanto se assemelham a eles, trafegam por meio da reprodução sexuada, ao cabo da qual constroem suas novas moradas, em vez de infectar as que encontram prontas.

Pode-se dizer que os genes "programam" os organismos para ajudar outros que abriguem cópias deles mesmos, ou seja, seus parentes. Seria linguagem antropomórfica. Mais exato talvez fosse dizer que os genes que determinam comportamentos altruístas tendem a se replicar mais, na medida em que ajudam suas cópias, contidas nos parentes, a se replicarem mais também. Em todo indivíduo há dois impulsos darwinianos: o de sua própria sobrevivência como organismo e o da sobrevivência dos genes que ele carrega. Ambos quase sempre atuam na mesma direção. O comportamento altruísta aparece quando entram em conflito sob circunstâncias nas quais a pressão evolutiva que favorece os genes sobrepuja a que favorece o indivíduo. Esse princípio foi chamado de seleção por parentesco e seu desenvolvimento é atribuído a Hamilton.

Outro conceito proposto por esses pesquisadores é o das "estratégias evolutivamente estáveis". Diante de um predador ou rival, por exemplo, um indivíduo pode adotar atitudes de confrontação, ameaça, fuga ou apaziguamento. Alguma dessas atitudes (ou uma combinação entre elas) se configura como EEE quando predomina em dada população porque nenhuma outra se mostrou capaz de superá-la, após sucessivas gerações, em termos de rendimento evolutivo. Estratégias opostas e complementares podem competir até se ajustarem numa proporção na qual entram em equilíbrio, tornando-se estáveis. Dizer que uma estratégia é estável significa dizer que ela favorece, mais do que as demais variantes em seu gênero, a reprodução dos organismos que a adotam e, portanto, dos genes que a determinam.

O próprio sexo pode ser tomado como estratégia estável em sentido lato. É a reprodução sexuada que faz girar a loteria genética, assegurando que os indivíduos sejam ligeiramente diversos. Especula-se que a variedade genética seja vantajosa, por sua vez, ao funcionar como uma espécie de seguro coletivo, um estoque de adaptações e proteções imunológicas disponíveis em face de um ambiente que também varia. Além disso, a variação reduz a chance de um alelo defeituoso ser idêntico a seu rival no cromossomo, circunstância que pode provocar a eclosão de efeitos nocivos, quando não letais, no indivíduo assim formado.

Sendo o novo organismo resultado da fusão de duas células sexuais, seria mais eficiente que uma delas fosse maior, contendo material nutritivo e abrigo para o futuro embrião, e a outra fosse menor e mais móvel. Se algum arranjo é o mais eficiente, a seleção natural cedo ou tarde "encontrará" um caminho para produzi-lo. Em consequência, óvulos são mais dispendiosos e por isso mais escassos; espermatozoides são mais baratos e abundantes. Desde a aurora da sexualidade, o investimento por célula reprodutiva realizado pela fêmea é muito maior que o do macho. Aliás, é isso o que a define. Esse desnível se acentua num efeito "bola de neve": a fêmea arca também com a gestação e, entre os mamíferos, com o aleitamento.

O macho pode multiplicar seus genes disseminando suas numerosas células sexuais a esmo, ao passo que a fêmea fica restrita a uma fecundação de cada vez, separada das restantes pelo período de gestação. É como se os machos se especializassem em produzir filhotes, as fêmeas em garantir que sobrevivam. As estratégias desenvolvidas pelos dois sexos serão decorrências dessa especialização e dessa disparidade. Traduzirão o "interesse" da fêmea em aumentar o investimento do macho e o deste em manter e até ampliar o desnível. Seria a "guerra dos sexos" manifesta num plano estatístico e genético. Dawkins se compraz em relatar a contribuição drástica do louva-deus macho, cujo investimento consiste em seu próprio corpo, ingerido vivo pela fêmea com quem acaba de copular, a fim de nutrir os ovos que seus espermatozoides fecundarão.

Sem chegar a tais extremos, a relação entre parceiros sexuais, segundo Trivers, é sempre de desconfiança e exploração mútuas. Cada lado busca se aproximar do que seria o "ideal" evolutivo: ter o máximo de filhos e deixar a outrem o encargo de cuidá-los. Na natureza, machos abandonam fêmeas que fecundaram, fêmeas dissimulam a verdadeira paternidade de suas ninhadas, machos recém-chegados matam os filhotes da fêmea antes de fecundá-la. Haverá promiscuidade, regime de harém ou monogamia conforme o saldo das condições ambientais (alimento, clima, predadores etc.) recompensar mais este ou aquele arranjo. Acredita-se que ligações monogâmicas sejam premiadas em espécies nas quais o cuidado com a prole é muito dispendioso em termos de tempo e energia. Em certos tipos de pássaros, o filhote precisa ser alimentado a cada 30 segundos. Não surpreende que a monogamia seja frequente entre as aves.

A fim de compelir os machos a investir mais, as fêmeas tendem a adotar um comportamento dito "recatado" ou "tímido". Selecionam pretendentes, criam obstáculos, demandam ser cortejadas mediante complicados rituais, quando não exigem provisão de alimentos ou ninho adequado para a futura prole. Se a fêmea logra obter um investimento maior da parte do macho, ela o torna mais comprometido com o cuidado dos filhotes, o que é benéfico para seus próprios genes. Os machos disputam entre si pelo acesso a seus preciosos óvulos, sendo esse o motivo pelo qual, na maioria das espécies, são fisicamente maiores e mais agressivos que as fêmeas.

Dawkins imagina uma população em que as fêmeas podem assumir comportamento "tímido" ou "rápido", enquanto os machos podem se conduzir de forma "fiel" ou "conquistadora". Ele atribui uma pontuação arbitrária, mas plausível em termos de contabilidade evolutiva, a cada combinação possível dessas condutas quando postas em interação. Feitas as simulações, apurou que uma população na qual 5/6 das fêmeas fossem "tímidas" e 5/8 dos machos fossem "fiéis" seria evolutivamente estável. Observe-se que o resultado seria idêntico caso todas as fêmeas fossem "tímidas" 5/6 do tempo e todos os machos "fiéis" 5/8 do tempo... Mais tarde Dawkins, que é dado a reformular opiniões e atulhar seus livros com notas de rodapé, corrigiu-se. Nenhum arranjo seria estável, as proporções flutuariam de maneira intermitente. O comportamento "dos amantes oscila como a Lua", concluiu, tendo o bom senso de acrescentar que "ninguém precisa de equações diferenciais para perceber isso".

Além daquele derivado do parentesco, Trivers distinguiu um comportamento semelhante que ele chamou de "altruísmo recíproco". Nesse caso o investimento realizado no bem-estar de outro indivíduo se dá na expectativa de retribuição. Toda a infinidade de seres que vivem em simbiose, como nós e as bactérias que habitam nosso aparelho gástrico, pratica altruísmo recíproco. Primatas que removem parasitas uns dos outros, também. Para nosso desalento, entretanto, a natureza premia não apenas a violência, mas igualmente a fraude. Os animais evitam o dispêndio e o risco da agressão desnecessária, restringindo-se quando possível à mímica hostil, como notou o austríaco Konrad Lorenz (1903-89), um dos fundadores da etologia. Mas, se o altruísmo recíproco é bom para as duas partes e funciona assim muitas vezes, pode ser ainda melhor para a parte que consiga se beneficiar sem ceder a devida contrapartida. Na sua avareza indiscriminada, a seleção natural incentiva tanto os falsários quanto os que aprendem a desmascará-los.

Nesse tipo de estudos é conhecido um jogo que se batizou como "dilema do prisioneiro". Presos pela polícia e interrogados em salas separadas, dois cúmplices se veem diante da seguinte perspectiva. Se ambos negarem o crime, serão soltos por falta de provas. Se ambos confessarem, serão punidos. Mas se um deles negar e o outro confessar, este será indultado e aquele pegará uma pena pesadíssima. O esquema ilustra o dilema de todo animal social, que oscila entre trair e cooperar porque as duas estratégias, dependendo da atitude do outro "jogador", podem ser evolutivamente vantajosas.

Nos anos 1980, o cientista político americano Robert Axelrod organizou um torneio em que vários especialistas foram incitados a apresentar a melhor estratégia para vencer uma longa série de partidas de um jogo análogo ao "dilema do prisioneiro". Depois de muitas simulações em computador, constatou-se o predomínio de duas das estratégias sugeridas. Uma foi chamada de "olho por olho, dente por dente" (trair o parceiro ou cooperar com ele em retribuição a seu gesto na partida anterior). A outra se resumia a trair sempre. Se os jogadores têm memória das partidas anteriores e outras ainda por jogar, a estratégia vencedora é "olho por olho". Na expressão de Axelrod, ela é a melhor desde que "a sombra do futuro seja longa". Nada que os redatores do Antigo Testamento já não soubessem, o que soa irônico como conclusão de um experimento neodarwinista.

Numa passagem de seu livro, Dawkins observa que entre os animais é o macho quem se "enfeita" para despertar a atenção da fêmea, a exemplo da problemática cauda do pavão, que tanta celeuma causa entre os evolucionistas desde que Darwin e Wallace divergiram a respeito. Mas na espécie humana acontece o contrário, Dawkins acrescenta casualmente, sem esclarecer o porquê. Como em outros momentos, ele se detém às portas da nossa espécie, alegando que ela escapa a sua especialidade. Nem todos tiveram a mesma atitude.

O mais ambicioso na incursão pelo território das ciências humanas terá sido um entomologista americano, Edward O. Wilson. Considerado um dos maiores especialistas em formigas do mundo, Wilson dedicou-se a estabelecer, nas últimas décadas do século passado, uma alegada unidade subjacente às espécies sociais, incluído o *Homo sapiens*, que ele se propunha a ver "pelas lentes de um telescópio". É insólito que um mirmecologista se aventure a teorizar sobre humanos, mas a aproximação soa menos despropositada quando lembramos que as formigas são os únicos seres conhecidos a compartilhar conosco a guerra, a escravidão, a agricultura e a pecuária. Espécies vivem de guerrear outras, matar a população adulta e aprisionar as larvas. Levadas ao formigueiro das conquistadoras, serão escravas usadas para cultivar fungos, que alimentam pulgões, por elas ordenhados em benefício das larvas de suas senhoras.

Formigas, entretanto, são autômatos. Por mais complexos que sejam, seus comportamentos são inteiramente "programados" pelos genes. No caso da espécie humana, entre genética e comportamento se interpõe uma espessa camada, uma nova e poderosa instância: a cultura. Wilson a qualifica de "superorganismo" e opina que "a evolução social humana é obviamente mais cultural do que genética". Seu estilo, límpido e criterioso, desarma prevenções; ele se revela versado em leituras humanísticas e convida à retomada do projeto iluminista de uma ciência social tão "científica" quanto as disciplinas exatas e naturais. Modestamente, sugeriu uma nova: a sociobiologia, o estudo dos fundamentos genéticos e evolucionários do comportamento nas espécies sociais (depois conhecida também pela denominação mais discreta de psicologia evolutiva).

O leitor terá notado que se trata aqui da velha controvérsia entre natureza e cultura, entre o que é hereditário e o que é aprendido. Como outros trocadilhos memoráveis em inglês, *nature/nurture* (natureza/criação, educação) é um achado de Shakespeare. Aparece na cena de *A Tempestade* em que Próspero diz, sobre o "mau selvagem" Calibã, que sua natureza é feita de tal modo que nenhuma criação jamais adere a ela. Wilson discute estratagemas para compreender melhor como natureza e cultura se entrelaçam. A análise estatística em torno do histórico de gêmeos é um desses estratagemas. Gêmeos univitelinos provêm do mesmo óvulo e do mesmo espermatozoide e são, portanto, idênticos do ponto de vista genético. Uma técnica compara o histórico de gêmeos separados no nascimento e que cresceram em ambientes diversos com o de irmãos adotivos que, ao contrário, compartilham a educação, mas não os genes.

Foram relatados resultados sugestivos de que o aspecto genético seria mais determinante do que o ambiental. Mas Wilson evita entrar nesse campeonato; sua concepção do problema, como veremos, é mais complexa.

Outra abordagem havia sido proposta pelo antropólogo americano George P. Murdock em 1945. Ele listou as características identificadas em todas as sociedades conhecidas, na presunção de que expressem um estrato imune à variação cultural e que deve ter, portanto, fundamento genético. Murdock recolheu 68 práticas que seriam universais. Exemplos: calendário, dança, divisão do trabalho, festas familiares, linguagem, jogos, tabus alimentares, ritos fúnebres, cosmologia, direitos de propriedade, restrições sexuais, cirurgia, comércio, etiqueta social, tabu do incesto. Cabe perguntar se os itens são as impressões digitais do que seria a natureza humana ou práticas que qualquer espécie ostentaria se chegasse ao nível de autoconsciência que atingimos.

Wilson postula que as raízes do comportamento humano consistem no que ele define como regras epigenéticas. Seriam predisposições inscritas no nível genético, aptidões para agir que podem se desdobrar num gradiente de possibilidades. Na interação com os estímulos do ambiente, porém, algumas dessas possibilidades se desenvolveriam e outras não. Sua forma exterior depende das variações culturais de uma sociedade para outra, mas todas são redutíveis à mesma matriz implantada pela seleção natural no repertório genético da espécie. Nessa ótica, a cultura não seria tanto um acréscimo à natureza, mas sua projeção; menos negação do que desdobramento dela. É como se nossa estrutura genética nos "preparasse" para viver imersos na cultura, da mesma forma que o aparelho fonador nos capacita para a fala. Wilson chama de "coevolução" o nexo entre as duas esferas.

O tabu do incesto é dado como exemplo de regra epigenética. O incesto é desvantajoso em termos evolutivos porque aumenta a probabilidade de genes recessivos defeituosos ou letais, sendo idênticos no par, prevalecerem no cromossomo e se manifestarem no futuro organismo. Uma prevenção genética contra o incesto seria muito benéfica numa espécie em que é tão dispendiosa a produção de filhotes como a nossa. Em 1891, o antropólogo finlandês Edward Westermarck publicou estudo onde sustentava existir, nos seres humanos, uma aversão inata ao contato sexual com pessoas que tenham compartilhado da intimidade nos primeiros anos de vida. Wilson compila pesquisas empíricas que teriam comprovado o efeito Westermarck. Se o tabu do incesto está introjetado na "programação" genética, por que a cultura se dá ao trabalho de reiterá-lo? Dawkins responde com a metáfora do dono de um carro equipado com trava antifurto que resolve instalar um alarme como garantia adicional.

Ao contrário do senso intuitivo, que vê na cultura um fator de contenção das nossas inclinações mais arraigadas, alguns autores neodarwinistas parecem concebê-la como reforço delas. Wilson chama de "hipertrofia" essa suposta propensão da cultura a amplificar, até atingir exageros grotescos, as diretrizes implícitas nas regras epigenéticas. Ele pensa na guerra, no patriotismo e no racismo como produtos do "logaritmo" genético que favorece o comportamento de ajudar parentes e defender o bando primitivo contra bandos rivais. Impressionantes por sua maníaca complexidade, os sistemas de parentesco de certas sociedades tribais seriam, da mesma forma, a expressão hipertrofiada do dispositivo anti-incesto descoberto por Westermarck.

No estado de natureza, anterior à sociedade, que nos séculos 17 e 18 os teóricos do iluminismo gostavam de imaginar, os homens teriam sido cooperativos (Locke), hostis (Hobbes) ou indiferentes uns em relação aos outros (Rousseau). Pode-se dizer que o estado de natureza proposto por Wilson é uma condensação dos três comportamentos. Com base no escasso registro fóssil, no estudo das cerca de cem sociedades "primitivas" que conhecemos e nos postulados da etologia evolutiva, ele descreve a aurora da humanidade mais ou menos nos seguintes termos.

Há 5 milhões de anos nos separamos dos animais que viriam a ser nossos atuais "primos", os macacos, quando deixamos as árvores para ocupar um nicho promissor: o de primatas carnívoros da savana. Esse salto gigantesco, realizado gradualmente, dependeu do reforço mútuo e crescente entre postura ereta, liberação das mãos para manipular objetos e inteligência cooperativa. Nossos ancestrais viviam em bandos de menos de cem indivíduos, vagando à mercê das variações de clima e recursos alimentares. Homens se especializaram na caça, mulheres na coleta e na socialização das crianças. Como homens detinham o recurso alimentar mais valioso, parte deles praticava a poligamia (permitida em 3/5 das sociedades humanas que se conhecem), em detrimento de outros homens do bando, privados de acesso sexual. O êxito evolutivo desses antepassados impulsionou sucessivas levas que abandonaram a África central e conquistaram o mundo. Faziam instrumentos precários há 3 milhões de anos. Domesticaram o fogo há pelo menos 500 mil. Acredita-se que há cerca de 100 mil o cérebro tenha assumido a atual configuração física. A agricultura encerrou nossa longa existência de caçadores-coletores há 10 mil anos. É provável que jamais saibamos onde termina a dedução e onde começa a fantasia nesse tipo de narrativas.

Um dos livros de E. O. Wilson se chama *Sobre a Natureza Humana*. É propósito expresso da sociobiologia e dos estudos assemelhados restaurar esse controvertido conceito, como matriz, agora genética e não metafísica, comum a todos os seres humanos, substrato da enorme variação cultural e individual que caracteriza nossa espécie. A questão é explosiva porque serve de divisor de águas no pensamento político moderno. Sob as aparências de divergir a respeito de valores como "igualdade" e "liberdade", direita e esquerda se definem precisamente pela discordância quanto à existência de uma natureza humana ou ao menos quanto a sua configuração – mais fixa e condicionada pelo elemento inato, segundo o pensamento político de direita, mais plástica e amoldável pela experiência histórica, segundo o de esquerda.

Respondendo a críticos, Maynard Smith certa vez exclamou: "O que queriam que fizéssemos, que falsificássemos as equações?". Mas nenhuma pesquisa é neutra a ponto de não implicar uma perspectiva, a seleção de um problema, a escolha de uma hipótese. Embora conduza a descobertas objetivamente verificáveis e seja uma excepcional ferramenta utilitária, a atividade científica não está imune à ilusão ideológica. A história da ciência mostra que em cada época o conflito ideológico se torna encarniçado nas fronteiras do conhecimento, onde desejo, especulação e evidência ainda se confundem, sobretudo se um paradigma tradicional está sob ameaça. Muito da concepção legada pelo humanismo acerca de nossa própria espécie é questionado pela psicologia evolutiva. Seria no mínimo prudente atentar para as críticas que são feitas à validade dos métodos que ela emprega. Tais críticas talvez possam ser resumidas a três vertentes principais.

A primeira delas é que as rotas de pesquisa sugeridas pela teoria social darwinista estão bloqueadas, ao menos no estágio atual do conhecimento. Ela promete, por assim dizer, o que não pode entregar. A junção concreta da base genética com o superorganismo cultural se dá no cérebro. Apesar dos avanços recentes da neurologia, o órgão mais complexo da natureza resiste a entregar seus mistérios. Funções cerebrais dependem do concurso simultâneo de diferentes partes do órgão. A própria distinção entre emoção e razão não se sustenta ante a evidência de que os dois processos se interpenetram. A seleção natural terá sido particularmente econômica ao produzir órgão tão dispendioso em consumo energético, de modo que idênticos percursos neuronais servem a finalidades diferentes e várias faculdades estão a cargo dos mesmos tecidos, comprimidos no menor espaço possível.

No flanco da pesquisa genética, a dificuldade é comparável. A noção primitiva de que a cada característica do organismo humano corresponderia um determinado gene é falsa. São raros os genes que isoladamente determinam um traço específico, como é o caso da cor dos olhos. Diversos genes contribuem para formar uma mesma característica; um mesmo gene pode exercer efeitos sobre características diversas. Há genes que ativam ou modificam a ação de outros genes. E a maioria aparentemente não tem função – especula-se que sejam passageiros oportunistas ou antigos vírus que parasitam o conjunto, viajando "de carona" pelas gerações afora. Até o lamarckismo reviveu, agora numa acepção molecular, pois parece haver indícios de que certos genes mudam por influência de estímulos ambientais.

Nem sequer existe consenso sobre o que é um gene. Melhor dizendo, há uma margem de arbitrariedade na definição de onde começa e termina um gene na fita de DNA. O conceito, à semelhança do átomo, foi formulado *a priori*, antes de sua verificação empírica. Em 1893, o alemão August Weismann sugeriu que a função hereditária seria desempenhada por uma substância enigmática contida no núcleo das células, o "plasma germinativo". Na década seguinte um biólogo dinamarquês, Wilhelm Johannsen, calculou que esse plasma haveria de ser composto por unidades básicas, que ele denominou de "genes". Eram intuições corretas. Uma coisa, porém, é mapear o genoma, outra é entender seu funcionamento e ainda outra é manipular suas instruções. A ciência está longe de resolver estes dois últimos desafios.

Um segundo tipo de crítica focaliza o que poderíamos chamar de "superatribuição". Dawkins afirma, por exemplo, que deve ser vantajoso voar em bandos, caso contrário as aves não o fariam. Hamilton ofereceu explicação engenhosa para a formação de manadas, bandos e cardumes: quem está nas bordas do grupo corre mais risco de ser atacado por predadores, razão pela qual todos derivam para o centro, dando origem às formações compactas. Mas no caso de organismos mais complexos, como o ser humano, será defensável atribuir todas as características ao benefício evolutivo que terão acarretado? O que dizer da miopia ou da impotência? Como explicar o suicídio, o ascetismo, o celibato? No mínimo há genes que produzem efeitos benéficos e prejudiciais ao mesmo tempo – ou sucessivamente, ao longo de diferentes eras evolutivas da espécie. O reducionismo darwinista, quando atribui todos os fenômenos sob seu exame à seleção natural, depara com limites explicativos. Como as relações de produção na doutrina marxista e as pulsões do inconsciente na psicanálise, tomada numa chave dogmática a teoria da seleção natural se converte em abracadabra para "solucionar" problemas a golpes de mágica.

Chama atenção, por fim, a trivialidade das descobertas feitas pela psicologia evolutiva. Somos uma espécie moderadamente territorial. Somos dilacerados pelas trações contraditórias de cooperar, ludibriar e retaliar (criamos um sistema jurídico e moral na tentativa de regular essa tensão permanente). Somos solicitados pelas pressões evolutivas que favorecem a monogamia e pelas que induzem à variação genética. Somos sujeitos ao ciúme sexual, porque é vantajoso não desperdiçar investimentos na progênie alheia. Somos agressivos, mas inclinados à negociação para minorar danos. E assim por diante. Não se trata propriamente de revelações. Os sociobiólogos podem alegar que demonstraram, em termos matemáticos, como e por que essas e outras formas de comportamento social se fixaram. Seu método teria fornecido fundamento científico para percepções de senso comum.

Ainda assim, é legítimo que suas conclusões despertem desconfiança, conforme reiteram concepções tão tradicionais a respeito do homem e da sociedade. Com exceção de Fisher e Lorenz, nenhum dos naturalistas e biólogos mencionados neste artigo poderia ser classificado como politicamente reacionário. Darwin era abolicionista, Wallace era socialista, Maynard Smith e Haldane pertenceram ao Partido Comunista, Trivers foi simpatizante do grupo revolucionário Panteras Negras na década de 1970. O darwinismo exala, porém, um odor de fatalidade. Há algo de conformista em sua resignada aceitação de tudo o que existe como resultado ótimo de um longo preparo. Como teoria, exemplifica os aspectos em que o iluminismo anglo-saxão diverge da versão continental: é gradualista, enfatiza antes as linhas de continuidade que as de ruptura, considera que a natureza humana é egoísta e não potencialmente virtuosa. A psicologia evolutiva traz o fatalismo implícito na teoria da seleção natural para muito perto de nós e seu timbre conservador soa demasiado familiar para não levantar suspeitas.

Talvez as ciências humanas possam reencontrar algo da vitalidade perdida no esforço, que se espera delas, de criticar o assalto intelectual do neodarwinismo, desde que a refutação não se limite a palavras de ordem. Na expressão do sociólogo americano Lee Ellis, sua disciplina precisa superar a atitude "biofóbica" que a caracteriza, não sem motivos, desde o começo do século 20. Talvez para persuadir de que o panorama descortinado por suas revelações não é tão desolador como parece, os neodarwinistas ressaltam que a espécie humana, tendo atingido a consciência e num passo seguinte o conhecimento científico, é a única que pode vir a dominar os genes, em vez de ser dominada por eles. Tudo indica que, mais cedo ou mais tarde, será tecnicamente possível interferir com segurança no repertório genético e recriá-lo. Depende das ciências humanas e não da biologia definir se esse futuro ainda envolto em névoas será mais parecido com o pior dos pesadelos ou com a maior das utopias.

Versão reduzida deste ensaio foi publicada na revista Piauí, *nº 18, março 2008.*

APÊNDICE: DUAS CARTAS

CARTA ABERTA AO SR. PRESIDENTE DA REPÚBLICA

Como chefe do atual governo, o sr. tem conclamado ao entendimento nacional. Anteriormente sua visão era a de que o entendimento já ocorrera na eleição em que a sua candidatura derrotou as "elites", termo pelo qual o sr. designa as instituições organizadas da sociedade brasileira. Depois de empobrecer a população, vender a fantasia de que os problemas nacionais seriam solucionados num passe de mágica, violar a Constituição, humilhar o Congresso, jogar o país numa recessão profunda e, naturalmente, fracassar, desde logo à luz das expectativas delirantes então criadas, o sr. resolveu vestir a pele de cordeiro e recorre agora ao entendimento nacional. Esse entendimento é o outro nome da impotência a que o sr. chegou decorrido apenas um quinto de seu mandato.

O acordo que o sr. vislumbra, entretanto, parece ainda resumir-se à submissão aos caprichos do governante. O sr. não assimilou até agora os rudimentos da noção de cidadania. A boa vontade da sociedade brasileira em face das promessas que o sr. formulou sem poder cumprir tem sido enorme, quase inacreditável, e o sr. se mal-acostumou a ela – mas não é incondicional nem inesgotável. Depois de 20 anos de uma ditadura que se dizia feita em nome de ideais democráticos – essa foi, aliás, a sua escola – não creio que a opinião pública esteja inclinada a tolerar uma democracia de fachada.

Apesar do empenho inegável que o sr. dedica à tarefa de desmantelar os partidos, abater as entidades empresariais e os sindicatos, sufocar as organizações culturais e intimidar a imprensa, prevalecendo-se da desordem ideológica da nossa época, açambarcando a torto e a direito bandeiras que vão do moralismo mais tacanho à ecologia, inspirando-se em estereótipos aqui do fascismo, acolá da social-democracia, mas lançando sempre uma névoa cintilante de confusão sobre a sociedade – apesar disso tudo o sr. é obrigado a ouvir vozes capazes de dizer não. São cada vez mais numerosas. A população pobre e desinformada ainda se deixa desconcertar pela voracidade com que o sr. manipula os símbolos da pressa, do poder e da riqueza. Onde a informação circula livremente, entretanto, as reações oscilam entre a ironia e a repulsa pela truculência, pela afoiteza e pelo arrivismo com que são conduzidas atitudes de governo.

    O sr. está processando a mim e a três companheiros jornalistas da *Folha*. Muito bem, é seu direito. Mas esse processo é apenas a ponta visível de um iceberg de ataques, discriminações, ameaças e violência contra este jornal. Sei da ansiedade, formidável numa pessoa com tantos problemas graves e reais a enfrentar, com que o sr. interpela seus auxiliares todos os dias a respeito do andamento do processo contra a *Folha*. Sei que o sr. voltou todo o aparelho do Estado contra este jornal em que parece identificar um perigoso paradigma de independência a ser punida, de altivez a ser exemplada, de vigilância a ser reprimida.

    Estou sendo duro, franco e leal em relação ao sr. Talvez seja útil para o país que alguém lhe diga em público e em voz alta as coisas que se comentam às suas costas. A *Folha* apoiou, porém, as linhas gerais da campanha que o sr. propôs contra a inflação. Sustenta ideias congruentes com as suas no que se refere à privatização, à redução da máquina do Estado, à luta contra as desigualdades sociais e regionais, à modernização tecnológica, ao combate contra a economia de cartório e à integração do Brasil nos quadros do mercado internacional. Por incrível que pareça, do ponto de vista programático há mais convergência do que divergência entre as posições do jornal e aquelas que o sr. vem pregando.

    O problema é o abismo que se abre entre o que o sr. diz e o que o seu governo faz, entre o liberalismo da retórica e a selvageria da ação, entre o privatismo confesso e o intervencionismo que é praticado, entre a aura frenética de primeiro-mundismo e o costume arraigado do coronelismo interiorano. Como cidadão brasileiro, confesso que estou farto de suas tentativas de iludir, desorganizar e tutelar a sociedade. Como eu, muitos já não se acham dispostos a transigir com a insegurança de seu governo, com as arbitrariedades que despencam umas sobre as outras, às vezes umas contra as outras, com os pacotes, os confiscos, as mentiras e o exibicionismo vulgar que contamina a administração como um todo.

Que o sr. esqueça o processo contra meus três colegas e concentre seus rancores na minha pessoa, já que deseja atingir a *Folha* como instituição. Tenho sido às vezes aconselhado a deslocar nossa linha editorial para o campo da oposição pura e simples a seu governo. Por mais que o sr. me force a isso, resisto a esse impulso que desvirtuaria o jornalismo que vimos procurando fazer muito antes que o sr. sonhasse em galgar a presidência. Penso que a função da imprensa é apartidária e crítica de um modo geral. Não se trata de apoiar ou de se opor a governos. Infelizmente o sr. não demonstra aptidão nem discernimento intelectual para conviver com a diferença de pontos de vista, com o conflito de ideias e versões, com o curso desimpedido das informações, com a respiração política que somente a imprensa livre é capaz de assegurar. O sr. exige aplauso irrestrito e capitulação. Devo dizer que quanto mais o sr. persegue este jornal maior é o ânimo que vejo nos olhos dos jornalistas – e não apenas da *Folha*.

Processe-me pelo que de fato penso e afirmo em vez de se esconder sob o pretexto de duas notas inócuas, perdidas sem assinatura numa edição publicada, aliás, quando eu estava ausente, em licença profissional. A *Folha* já disse e repetiu que não houve calúnia ou intenção de caluniar seja o sr., seja qualquer membro de seu governo. Soa falso, além disso, que fale em ofensa alguém que sem apresentar até hoje uma única prova acusou o presidente Sarney de corrupção e utilizou contra o atual governador do Rio de Janeiro palavras irrepetíveis. Na realidade, não é com reparações a sua imagem supostamente ofendida que o sr. se preocupa no caso. Se fosse assim, teria tomado providências contra outros três jornais que publicaram as mesmas notas. Na véspera de sua publicação na *Folha*, um jornal do Rio divulgou informações de tipo idêntico e o sr. não moveu uma palha. Se a alegação de ofensa fosse séria, o diário de propriedade de sua família não teria adquirido, pouco depois da publicação das duas notas, os direitos de republicação da mesma coluna da *Folha* onde elas haviam sido estampadas.

Não deixa de ser curioso que esteja sendo levada a julgamento, sob o silêncio acovardado e interesseiro de quase toda a mídia, a única publicação brasileira que mantém uma seção diária de retificações e que remunera um de seus profissionais pela exclusiva missão de criticar pública e asperamente as suas próprias edições. Este jornal nunca pediu nenhum favor a seu governo e nunca cedeu à necessidade quase psicológica que o sr. tem de silenciá-lo. Lamento concluir que a *Folha* está sob julgamento não por seus defeitos, que são muitos, mas por suas virtudes – o que me orgulha. O que está em jogo é saber se é possível existir um jornal como este num país como o nosso. O que está em jogo é decidir se daqui por diante a nação contará com uma imprensa intrépida ou temerosa, livre ou subjugada.

Eu estou na planície, o sr. está encastelado; eu me sinto cercado de amigos e amigas que nada me devem; a seu redor se veem áulicos da cor da cera; eu luto pela minha liberdade, o sr. por uma vaidade ferida; e no entanto minhas razões são públicas e de interesse geral, ao passo que as suas é que são particulares, sombrias como a própria solidão; eu defendo para cada um a possibilidade de expressar o que pensa sem ir para a cadeia por isso, enquanto o sr. se agarra à lei de imprensa do regime militar; eu procuro alcançar o exemplo dos grandes jornalistas do passado, o sr. desce à mesquinharia dos tiranetes; eu advogo um direito, o sr. uma obrigação de vassalagem; uma condenação lançará vergonha sobre o sr. e honra sobre mim; seu governo será tragado pelo turbilhão do tempo até que dele só reste uma pálida reminiscência, mas este jornal – desde que cultive seu compromisso com o direito dos leitores à verdade – ainda continuará em pé: até mesmo o sr. é capaz de compreender por que a minha causa é melhor que a sua.

Folha de S.Paulo, "Primeira Página", 25.4.1991

CARTA A D. MANUEL PARRADO CARRAL
São Paulo, 3 de maio de 2007

Antes de mais nada, gostaria de agradecer sua honrosa presença como celebrante da missa em memória de meu pai, Octavio Frias de Oliveira, a ser realizada no próximo sábado. Faço esse agradecimento em nome de minha mãe, d. Dagmar, de meus irmãos Maria Helena, Luís e Maria Cristina, e em meu próprio nome.

Julguei oportuno que alguns subsídios sobre meu pai lhe fossem transmitidos, até porque ele e o senhor não se conheceram pessoalmente. É o que tentarei fazer a seguir de forma breve e resumida. Não abordarei a personalidade pública de meu pai, que tem recebido bastante divulgação nos últimos dias.

Diferente de minha mãe, que é católica, meu pai era agnóstico. Pensava que não é possível comprovar nem a existência de Deus nem o contrário. Mas admitia que a religião é uma consolação útil para quem acredita e achava errado solapar qualquer forma de fé.

Ele foi um homem dinâmico, pragmático e empreendedor. Nasceu numa família de posses que empobrecera. Sair da pobreza foi o impulso que o levou a trabalhar cedo, deixando o colégio ainda adolescente. Sempre se definiu como empresário ou mero comerciante. Tinha um temperamento franco e otimista. Não cultivava ódios, era propenso à conciliação. Sua curiosidade natural o levava a perguntar e se interessar pelo próximo. Não era afeito a hierarquias e convenções sociais.

O valor mais importante para ele, o que mais suscitava seu respeito, era o trabalho. Nada resiste ao trabalho, ele repetia. Costumava repreender delicadamente os filhos quando crianças se jogassem papel no chão, por exemplo, com o argumento de que fazê-lo era desrespeitar o trabalho da pessoa que limpava o local.

Preocupava-se pouco com o futuro e quase nada com o passado, pois era dessas pessoas que vivem para o presente. Gostava dos prazeres da vida, embora fosse moderado em tudo, por disciplina e hábito. Dizia palavrões (mas era incapaz de maledicência). Foi cético quanto à natureza humana. Mesmo assim, acho que não exagero ao dizer que ele era um agnóstico que agia, sem se dar conta disso, como cristão.

Penso que era cristão na simplicidade dos hábitos, no apego à verdade, na consideração pelos outros, no amor à família. Quem se aproximasse do cotidiano de meu pai se surpreendia com seu despojamento. Ele não tinha vícios nem passatempos, a menos que se considere o trabalho como tais. Vivia com parcimônia, não se importava com objetos de consumo, não era dado a luxos, nunca colecionou nada, detestava ostentação. Abominava também o desperdício. Fez o possível para educar seus filhos e netos nessa mentalidade austera.

Quanto ao apego à verdade, era simplesmente seu modo de ser. É provável que eu nunca o tenha visto mentir. Era de uma franqueza, não raro a respeito dele próprio, sempre definida como desconcertante. Desprezava a hipocrisia, ironizava todo moralismo, sorria dos belos sentimentos e boas intenções que usamos para dissimular a dureza da realidade. Sua pedagogia como pai, intuitiva mas meditada, era uma escola da verdade. Tratava as crianças com carinho, mas como seres pensantes.

Meu pai trouxe da infância uma atitude de respeito pelo sofrimento alheio. Ele próprio sofreu aos 7 anos quando sua mãe, d. Elvira, morreu de forma inesperada. Seu pai, o juiz Luiz Torres de Oliveira, certa vez adotou a família de um operário que perdera o emprego por causa de uma decisão judicial. Mas a infância de meu pai já transcorreu em meio a dificuldades materiais. Adulto, conheceu o triunfo e o desastre, os dois impostores do verso de Kipling que gostava de citar.

Para ele, o dinheiro logo se tornou algo que não deveria ser desfrutado, e sim empregado como instrumento para gerar mais riquezas e empregos. Mencionava às vezes um ditado comercial que diz "é imoral perder dinheiro nos negócios". E explicava que quem comete esse erro acaba arrastando para o infortúnio funcionários, fornecedores e até credores – junto com seus dependentes.

Sei que meu pai fazia contribuições discretas, como era de seu feitio, a algumas instituições de solidariedade social, e que por meio dos jornais ajudou muitas outras. Mas acredito que a principal doação tenha sido a de sua inteligência extraordinária e energia quase inesgotável à tarefa de criar os empregos que ao longo de seis décadas sustentaram milhares de famílias.

No esboço deste elogio sumário, devo acrescentar a figura do marido, pai, avô, irmão, tio e sogro profundamente amoroso que ele foi. Suas maneiras informais, sua disposição acolhedora e bem-humorada já despertavam simpatia à sua volta. Sem prejuízo das homenagens devidas à dimensão pública e jornalística que a imagem de meu pai assumiu, seu desaparecimento causou um grau de emoção, até de contrariedade, incomum na despedida de um homem de idade avançada.

Mas suas qualidades humanas só podiam ser apreciadas por inteiro em casa. Ele era compreensivo, doce, afetuoso. Era tolerante, amigo e encorajador. Não tinha preconceito, nem culpa, nem mágoa. Era companheiro para qualquer aventura, um entusiasta dos sonhos dos outros. Formou tarde esta que seria sua família definitiva, razão pela qual tinha urgência de ensinar e compartilhar. No entanto, teve tempo para amar sua família sem pressa e como poucos amaram; foi também amado por ela até o último instante de uma vida luminosa e – até onde isso é possível – feliz.

Escrever este relato levantou um turbilhão de lembranças e sentimentos. Encerro por aqui, prezado d. Manuel, em respeito a seu tempo e também porque o assunto seria para mim interminável. Perdoe o zelo de filho. Espero ter traduzido alguma noção do homem que meu pai foi e continua a ser na vida dos que o conheceram.

Folha de S.Paulo, caderno "Brasil", 6.5.2007

POSFÁCIO
Marcelo Coelho

"Sua produção escrita", diz Otavio Frias Filho a respeito dos textos de Victor Cunha Rêgo, publicista português de quem traça o perfil num dos ensaios deste livro, "sofreu as vicissitudes do texto jornalístico, que se comprime entre a véspera e o dia seguinte, demasiado preso a sua contingência".

Não há novidade nesse tipo de comentário: desde um clássico epigrama de Marcial (c. 40-102), tornou-se lugar-comum a ideia de que muita gente escreve em papel que vai embrulhar peixe no dia seguinte. Os artigos reunidos neste volume desmentem, e de certo modo reafirmam, em tom crispado, aquilo que o autor identifica nos artigos de Cunha Rêgo.

Tudo seria bastante banal se enfocássemos o fato de que cada um desses textos, como diz Otavio Frias, "está demasiado preso a sua contingência". Não está, nem era esse o espírito com que foi escrito. Desconfio, aliás, que nenhum jornalista abandona a ideia de estar escrevendo alguma coisa que irá durar mais do que o breve espaço de um dia. Todo jornalista sabe que, uma vez impresso, seu texto será testemunho de uma época para os anos que virão. Não seria jornalista se não desejasse isso.

Aceitemos, entretanto, a "contingência" a que se refere o autor. O cerne de suas preocupações vai em outra direção, que a mesma frase sobre Cunha Rêgo indica com clareza. O texto de um jornalista, diz Otavio, "se comprime entre a véspera e o dia seguinte".

Essa ideia de "compressão" corresponde a uma experiência psicológica bem mais rica do que a da simples fugacidade. Passam-se os eventos, outros se sucedem, não haveria muito a se preocupar com tudo isso, se a atitude do autor fosse a mera indiferença diante do rápido girar do mundo.

Mas a sensação de estar "comprimido" entre o dia de ontem e o dia de amanhã, entre o passado e o futuro, traz consequências muito mais alarmantes e dramáticas, e a meu ver esta coletânea de ensaios incorpora, na forma e no conteúdo, o que de desesperador e de estimulante existe em tal modo de relacionar-se com a História, com o cotidiano, com o tempo vivo dos homens.

Se tivéssemos de apontar um único fenômeno, um tema básico, que seja capaz de mobilizar os interesses de Otavio Frias Filho (servindo como ponto de partida comum à maioria dos ensaios deste livro), não erraríamos ao dizer que é a possibilidade, por ele várias vezes entrevista, de uma "compressão máxima", de uma colisão mesmo, entre "o dia de ontem e o dia de amanhã".

Nada mais rotineiro, com efeito, do que a sucessão dos dias, o prosaísmo de toda segunda-feira depois de todo domingo. Causa e efeito, antecedente e consequente, marcha lenta do progresso histórico, sucessão dos acontecimentos: nada poderia trazer mais desencanto e tédio para este jornalista-escritor, sem embargo do seu estilo de pensamento, sempre lógico, claro, avesso a elipses e precipitações.

O que fascina Otavio Frias Filho é o que pode haver de magicamente significativo, de premonitório e de sintético numa cena de filme, num *outdoor* publicitário, num acontecimento histórico específico. Para o autor, alguns momentos, alguns fenômenos, podem realizar a proeza de trazer em si mesmos seu próprio passado e seu futuro. Do mesmo modo que o célebre *aleph* de Borges, ponto no espaço capaz de concentrar em si mesmo todos os demais pontos do espaço, Otavio procura, em cada ensaio, o instante prodigioso em que passado e futuro, o dia de ontem e o de amanhã, sobrepõem-se numa espécie de cifra simultânea, capaz de cristalizar em si mesma, imobilizando-o numa cintilação estética, o transcurso arrastado e penoso do tempo.

Esta a razão, por exemplo, do gosto do autor pela ficção científica. Não a ficção científica do tempo antigo, bem entendido, que se contentava em elaborar projeções lineares do tempo presente, na forma de um futuro de sonho ou pesadelo. Escrevendo sobre filmes como *Alien* e *Blade Runner*, no primeiro texto deste livro, Otavio Frias destaca a inversão operada pelo diretor Ridley Scott nos termos clássicos da equação "futurista":

> Visto de fora, o Nostromo [nave espacial de Alien] parece uma catedral gótica deslizando pelo vácuo. Pela primeira vez o cinema de ficção científica exibe, ao contrário de um mundo brilhante, regular e asséptico, um futuro de lugares imundos, de equipamentos envelhecidos pelo uso, de ambientes chuvosos e noturnos como a Los Angeles de chaminés que soltam fogo ou os subterrâneos do Nostromo, repletos de goteiras e vazamentos de vapor. Invadido pelo presente, o futuro se mostra como passado.

No texto seguinte, a respeito de assunto bem diverso – a publicidade de um sutiã –, é um paradoxo da mesma ordem o que suscita a atenção do autor.

> A técnica publicitária sempre se viu diminuída pelo que ela tem de efêmero, e muito da sua incapacidade para dizer alguma verdade se deve certamente ao caráter fugaz do que é dito. Mas eis aqui um anúncio que resolve falar daquilo "que a gente nunca esquece". Que estratagema será esse que parece zombar de si mesmo quando elege a contingência de um rosto congelado por um instante para apregoar a partir dele alguma coisa de eterno?

Voltamos ao cinema no terceiro ensaio, dedicado a *Peggy Sue, Seu Passado a Espera*, de Francis Ford Coppola. O filme registraria

> o fim de uma imaginação definida pela sequência "passado, presente e futuro", como coisas consecutivas e até reconhecíveis.

O texto conclui: como se estivéssemos

> aprisionados numa espécie de túnel do tempo, a instantaneidade da circulação das ideias encerrou a imagem do mundo numa forma efervescente e morta, concomitante e eterna, em constante mudança na direção de lugar nenhum.

O tom é sem dúvida pessimista, mas há um certo triunfalismo subjetivo no andamento da frase. Poucas pessoas como Otavio Frias levaram tão a sério, de modo tão pessoal, se posso dizer assim, o famoso "colapso das utopias" que se decretou com a derrubada do muro de Berlim. Até pelo fato de nunca ter acreditado suficientemente nelas, Otavio recebeu a notícia, pelo que me lembro das nossas conversas na época, com a alma ressoando, em fanfarra unânime, numa espécie de marcha fúnebre triunfal, com pompas de contrarreforma, cerimônias de luto descabido.

Bem mais utópico, bem mais desatento também ao clima da época, fiquei no mesmo lugar de sempre durante o ano de 1989. Nunca achei que aquilo era socialismo; sempre fui contra o regime soviético: por que haveria de ver na derrota de um sistema ditatorial o abalo de minhas convicções de esquerda? O assunto, "concomitante e eterno", sempre volta quando nos encontramos. Embora continue achando que estou com a razão, sempre saio dessas conversas com a impressão de me ter revelado um pouco mais leviano do que gostaria de ser.

Seja como for, sentindo-me relativamente confortável nos meus pontos de vista, cabe reconhecer o estranho tipo de desconforto com que Otavio cuida dos seus. Um adversário qualquer do socialismo, um adepto da "livre iniciativa" – um direitista, em suma –, ficaria simplesmente feliz ao notar, depois de décadas de descrédito intelectual, que os fatos da história lhe davam finalmente razão. Formado numa cultura de esquerda, leitor de Marx e Gramsci, Otavio foi um dos responsáveis, no agitado ambiente da Faculdade de Direito do Largo São Francisco, pela brilhante vitória contra o conservadorismo que grassava no Centro Acadêmico naqueles finais de ditadura militar. Conheci-o nos quadros de uma tendência de esquerda libertária (acusada de anarquismo e de social-democracia ao mesmo tempo), que tentávamos fazer viável no movimento estudantil no final dos anos 1970.

Apesar da influência pessoal e da admiração que sempre teve pelo pai empresário, Otavio nunca deixou de encarar o conservadorismo galopante destas últimas décadas como uma espécie de derrota – mas uma derrota "antiegoica", por assim dizer.

Uma derrota que lhe dava razão, mas que ao mesmo tempo tirava a razão de qualquer causa pela qual valesse a pena lutar.

É assim que, ainda a propósito de Victor Cunha Rêgo, o autor considera que "teve a sorte de voltar do exílio a tempo de viver o apogeu de sua vida em meio a acontecimentos históricos". Para quem, como Otavio, esteve na direção do maior jornal do país em momentos como a desagregação do regime militar, a morte de Tancredo Neves, o *impeachment* de Collor e a eleição de Lula, talvez pareça que sua insatisfação com a "falta de acontecimentos históricos" por aqui é um pouco descabida. Mas, em parte por hábito de ofício, em parte porque as coisas, no Brasil, são mais ou menos o que são, a expectativa heroica – a sensação de que um grande acontecimento histórico envolve risco real para os seus participantes – se vê frustrada. E não deixa de ser sintoma dessa frustração – e do espírito de organização obsessivo que a acompanha – o fato de seu último livro de ensaios, *Queda Livre* (2003), basear-se inteiro numa série de experiências arriscadas, que o próprio autor planejou com industriosa minúcia.

O escritor francês Valery Larbaud (1881-1957) tem um poema sobre a morte de Atahualpa, imperador inca martirizado pelos conquistadores espanhóis. Descreve inicialmente um quadro histórico, que viu num museu de Lima: ali estão as mulheres do inca, "furiosas de dor", exigindo que as executem também; ali está Atahualpa, deitado "no aparelho horrível e inexplicável do garrote", enquanto os seus algozes "rezam, ferventes e ferozes". Larbaud prossegue:

> Isso tudo faz parte desses crimes estranhos da História,
> Cercados da majestade das Leis e dos esplendores da Igreja,
> Tão prodigiosos de horror angustiante,
> Que temos de acreditar que eles perduram
> Em algum lugar, além do mundo visível, eternamente;
> E mesmo naquele quadro, talvez, persistem
> Sempre a mesma dor, as mesmas rezas, as mesmas lágrimas,
> Semelhantes aos desígnios misteriosos do Senhor.
> E eu imagino facilmente, neste momento
> Em que escrevo sozinho, abandonado dos deuses e dos homens,

Num apartamento particular do Sonora Palace Hotel
(Bairro Califórnia),
Sim, eu imagino que em algum lugar deste hotel,
Num quarto ofuscante de lâmpadas elétricas,
Silenciosamente essa mesma cena terrível
– Essa cena da história nacional peruana
que se recita às crianças, lá nas nossas escolas –
Se consuma exatamente
Como, há quatrocentos anos, em Cajamarca.
– Ah! Que ninguém se engane na hora de abrir a porta!

Há, neste poema de Larbaud, uma experiência do acontecimento histórico que se situa no plano oposto da fugacidade, da indiferença jornalística. Ao mesmo tempo, como não ver nessa tragédia "congelada" algo equivalente à primeira página de um jornal, quando abrimos esses livros que reúnem as mais significativas das últimas décadas? A sensação de que tudo é passado se concilia com o espanto de ver que tudo, afinal, continua ali, imóvel, no papel impresso. Se é comum dizer-se que a História "acabou", é igualmente forte, mesmo nos que estão razoavelmente persuadidos das teses de Francis Fukuyama (como é o caso de Otavio), a ideia de que tudo perdura, num terror silencioso e mumificado.

O fascínio do autor pelo Egito, que lhe rendeu sua primeira peça de teatro, *Tutankaton*, participa dessa visão, quase alucinatória, de imobilidade geométrica do tempo, e de preservação obsessiva do menor detalhe que possa ser salvo da vertiginosa corrida dos ponteiros de um relógio. A impontualidade de Otavio sempre exigiu, diga-se de passagem, boa dose de tolerância por parte de seus amigos – e é mais uma contradição de sua personalidade metódica e concentrada.

Por isso mesmo, nada nestes textos deixa transparecer a pressa com que terão sido escritos. Ao contrário, o pensamento do autor abomina o improviso, a digressão, e se obedece à brevidade da forma que lhe foi imposta, trata de "comprimir" – para relembrarmos o verbo otaviano citado no início – o máximo de raciocínios numa fórmula sintética, muitas vezes encapsulada nos parênteses de uma argumentação.

Um exemplo, tirado ainda de sua análise sobre o comercial da Valisère. Na ideologia publicitária plenamente desenvolvida, escreve Otavio Frias Filho, "o próprio produto nem sequer aparece, e a categoria na qual ele é supostamente o melhor não vale a pena ser lembrada."

O leitor concorda. Sem dúvida, passou o tempo dos anúncios que prosaicamente expunham o produto cercado de pontos de exclamação imaginários. Veja-se, contudo, como o autor continua o raciocínio: "O ocultamento da fabricação do resultado, *procedimento artístico por excelência, glosado no quadro* As Meninas, *de Velázquez*, é uma tendência da técnica publicitária que se acentua desde o início [...]". Compacta-se, numa entrelinha, muito pensamento, talvez até demais, sem cair em dois vícios de caráter e de linguagem – a pretensão filosófica e o falso tom casual da frase.

A compactação obedece, em tese, às exigências do texto jornalístico: trata-se de ser o mais breve possível. Todavia, há muita diferença entre tentar resumir um pensamento complexo, tarefa em que tantos se esfalfam quando têm de escrever um artigo curto de jornal, e essa atividade que se tornou quase um hábito intelectual do autor, a de cristalizar num núcleo duro, numa fórmula concisa, experiências e observações que ele, no dia a dia, cuida de acumular em silêncio.

E também, acrescente-se, num estado de tensão interior: toneladas de carbono, para se transformarem em diamante, exigem o concurso de altíssimas pressões; muitas vezes pressenti, olhando para meu amigo, no confortável estado de desleixo com que toco a vida, a presença dessa angústia interna, interiorizada, contraída, que o ajuda a processar a riqueza e a violência (para ele) do mundo externo.

Esse romântico, esse melancólico, cultua a musa geométrica; seu modo de entender as coisas e os acontecimentos é o de buscar, a todo tempo, simetrias, compensações espaciais e diagramas. Suas metáforas tendem sempre para o arquitetônico, para uma espécie de matemática visual; há muitos exemplos disso ao longo do livro, mas o mais esclarecedor e engenhoso é, a meu ver, o da comparação que encerra a análise do filme *Ed Wood*, de Tim Burton, cinebiografia daquele que foi considerado "o pior diretor de cinema de todos os tempos". Otavio Frias observa que aquele cineasta *trash* não estava consciente da precariedade de seus filmes: achava-os perfeitos.

Seus discos-voadores, seus diálogos estúpidos, seus túmulos de papelão são apenas as sombras projetadas na parede de uma caverna mental; nessas sombras a intenção e o efeito estão colados como a luz que não pode escapar de um buraco negro em astronomia. Ele erra por ansiedade, autoconfiança e preguiça de uma só vez. No ar puro da subjetividade de Ed Wood, no entanto, se nos fosse possível alcançá-lo, as imagens se desdobrariam ideais, perfeitas, acabadas. [*Cidadão*] *Kane* é o positivo e [Ed] Wood o negativo de um mesmo filme, que permanece oculto entre ambos. Esse filme seria o real, o inacessível.

O esquema de uma intersecção improvável, espécie de ponto óptico perfeito entre o subjetivo e o objetivo, repete a experiência de uma antecipação do futuro, de uma projeção do passado, de uma espécie de estrabismo entre os dois, que Otavio identifica em outro filme, por si mesmo a meio caminho entre o *trash* e a obra-prima, o *Napoléon*, de Abel Gance.

A narrativa do diretor francês parece realizar aquilo que Otavio Frias procura em cada acontecimento, em cada assunto que comenta neste livro. Tudo, no filme, é premonição, advertência, resumo, abreviatura, síntese, compactação. *Napoléon* pode admitir muitas ironias no processo histórico, e o autor aponta várias, mas não aceita o paradoxo: na recusa do paradoxo, o que pulsa é a ideia de um destino, prefigurado desde sempre, nos mínimos detalhes.

[...] o filme de Abel Gance age *a posteriori*: não se espera que o espectador acompanhe o desenvolvimento da biografia até a glória, mas que reconheça a glória numa biografia que é passada, por assim dizer, de trás para a frente.

É por isso que

desde a primeira cena, a famosa batalha dos meninos na neve, Napoleão aparece vestido como Napoleão [...] avistando uma embarcação solitária pela luneta, o então oficial Nelson tenta persuadir seu comandante britânico a persegui-la, como se intuísse que ela levava de volta à França o futuro arqui-inimigo de seu país.

Não se trata, para o autor, de algum tipo de supersticiosidade trágica, escrita desde sempre no Livro da Humanidade, mas sim de uma contingência estética, e, por isso, feliz: todo filme, diz ele, se constitui

a partir de uma infinidade de imagens, [e por isso] aspira a unificá-las numa só entidade, repetindo o procedimento do trabalho artístico em geral, que luta por extrair-se à contingência, por descolar da sucessão dos acontecimentos para expressá-la numa forma fora do tempo, numa existência livre das vicissitudes da matéria, insuscetível de mudar, ou seja, de deteriorar-se.

Quem fala, num trecho como este, é o esteta inconformado diante da mera rotina, que cumpre todos os dias, de ser um jornalista. Ainda bem que esse inconformismo leve Otavio a ser também um intelectual, um escritor, um ensaísta. Mas ele dramatiza e exagera, obviamente, os limites de sua atividade cotidiana, ainda que eu possa entender a razão de tanto descontentamento.

"Sobre a célebre hesitação de Hamlet", escreve o autor comentando uma análise do drama de Shakespeare, "quase tudo o que Vigotski tem a dizer é que 'assim requer a tragédia'."

Que tragédia? Eis o que tendo a perguntar quando penso em meu amigo, que afinal leva a vida que quer, plenamente realizada conforme seu enorme talento e seu enorme senso de responsabilidade. Talvez lhe faltem na prática, justamente, os dobres solenes, os veludos roxos, a nobreza sacrificial, o lance único e heroico dos grandes autos da fé, das batalhas decisivas – Lepanto, Valmy – que lhe dessem, numa cena estática de museu de cera, numa primeira página de jornal, o sentido instantâneo e definitivo da História.

Ainda que, mais de uma vez, Otavio Frias se refira à famosa passagem da *Cartuxa de Parma* de Stendhal, em que o protagonista, perdido numa planície, nada entende do tumulto que percebe ao longe – tratava-se da batalha de Waterloo – nosso autor não descrê dos mapas, das topografias, das estratégias. O casual e o momentâneo, que corroem diariamente nossas atividades – e mais ainda as de um diretor de jornal – encontram seus limites na teoria, no pensamento geométrico, a que o autor se dedica com paixão. Não é à toa que Napoleão Bonaparte aparece nestas páginas: herói romântico, capaz de varrer o mundo a golpes de gênio e de sorte, o imperador deixou também um legado metódico à França, com a criação do Código Civil e do moderno sistema administrativo do Estado. Eram tempos de revolução, é claro, em que o vendaval da História soprava a favor de heróis e grandezas hoje inexistentes.

A negação da História, que vemos tão constantemente repetida no pensamento do autor, seria então mais do que uma evidência, um álibi para sua insatisfação pessoal; diminuir a política, como faz o diretor do maior jornal do país, é um paradoxo e uma coerência ao mesmo tempo. Nunca o encontrei tão satisfeito como nos momentos em que a *Folha* sofreu alguma espécie de ameaça: a carta ao presidente Collor, reproduzida aqui, foi fruto desse estado de ânimo, em que a investida de um governante hostil e desqualificado insuflou os ímpetos políticos do autor, que se autocondenara a abandonar qualquer perspectiva épica da vida em sociedade, carregando, num luto imaginário, o peso dessa frustração.

Em nossas conversas, Otavio criticou-me muitas vezes por levar na brincadeira todos os lances heroicos – de um filme, de uma cena histórica, de um romance, de um caso amoroso – que ele quisesse me contar. Debochado sem pessimismo, meu espírito se encontrava nessas ocasiões nos antípodas de seu desencanto cavaleiresco; numa veia entre cômica e utópica, sem querer o desarmei mais de uma vez de suas negras e imaginárias deduções castelhanas.

O fechamento de qualquer perspectiva revolucionária condenaria, assim, o homem moderno – penso nos europeus do século 19 – a uma espécie de eterna repetição, ou ao destino trágico e suicida do protagonista de *O Vermelho e o Negro*, de Stendhal: Julien Sorel. Os mais afortunados fizeram justamente da eterna repetição um sistema a seu favor, que na maior parte das vezes se traduziu em acúmulo de investimentos e de capital. Outro tipo de acúmulo, que reflete do mesmo modo a sombra de uma insatisfação constante, é o donjuanismo, sobre o qual Otavio Frias faz uma curta e brilhante análise neste livro. Mais uma vez, voltamos ao tema preferido do autor: "a vida de Don Juan é um eterno presente, como a melodia que só existe enquanto é tocada." Otavio descobriu, entretanto, uma saída para esse "eterno presente". Está na biologia, no darwinismo, que atraem seu interesse de longa data, e são pretexto para seu longo e claríssimo ajuste de contas com as chamadas "ciências humanas", num dos últimos ensaios do volume. Novamente, o que vemos aqui ser negada é a velha expectativa de desvendar-se uma lógica "científica" na história humana. No máximo, teríamos mutações imprevisíveis, submetidas a alguma lei implacável de que está ausente qualquer providencialismo.

Mas nosso autor acredita, apesar de tudo, num progresso contínuo do bem-estar humano. Não é dos que partilham a paranoia, constante nos anos Bush, de que o fundamentalismo islâmico representa uma ameaça à civilização ocidental. Ao contrário – num misto de serenidade, confiança e desencanto – considera que os apelos intranscendentes da sociedade de consumo são capazes, a longo prazo, de dissolver as certezas mais radicais de um terrorista. Simplesmente, essa expectativa em tese "tranquila" sobre o futuro da humanidade não torna Otavio satisfeito: veremos, em última análise, a repetição de um estado de coisas cuja mediocridade o entristece.

Entre a evolução de Marx e a de Darwin, as simpatias íntimas de Otavio se inclinam por esta última, não em função do pressuposto de uma série de constantes genéticas da natureza humana, mas pelo aspecto, que atrai Otavio muito mais, de uma colisão entre acaso e destino, de prefiguração e de controle, de caos vital e lógica mecânica, de tempo secular e espaço helicoidal de não sei quantas moléculas, que de certo modo amplificam e diminuem – para seu próprio conforto e seu próprio desespero – o lugar do autor na ordem das coisas.

Ei-lo que representa, numa rara atitude de inquietação intelectual e grandeza de expectativas, uma situação que Fredric Jameson definiu lapidarmente: o pós-modernismo seria "uma tentativa de pensar historicamente o presente em uma época que já se esqueceu como pensar dessa maneira". O senso de historicidade, seja como um caminho no rumo da redenção, seja como um caminho no rumo da decadência, perdeu-se num "eterno presente", como diz Otavio Frias, no qual ele próprio se debate ambiguamente.

Compressão do tempo e evolucionismo implacável; abreviatura estética do tempo, crítica do historicismo – o espírito de Barthes e Lévi-Strauss paira sobre estes ensaios – e inconformismo com o presente; gosto pela metonímia e horror da verborragia orientam cada escrito seu. Numa terminologia um pouco técnica, cada texto de Otavio Frias Filho encena seu ceticismo diante da teleologia e seu fascínio pela prolepse.

Ele detesta os sintomas mais estridentes do mundo contemporâneo, mas não vê sentido em condená-los. Condena "tudo o que está aí", mas não acredita "que outro mundo seja possível". Gostaria de presenciar revoluções que torce, com razão, para que não aconteçam. Acha que "tudo já foi dito", mas confia na capacidade que uma obra de arte possui de antecipar o futuro. Uma ciência baseada no evolucionismo darwinista poderia trazer-lhe esperanças a longo prazo: encara-as com uma atitude de humanístico terror.

Nada fácil de entender, este meu amigo. Menos ainda, talvez, seus lampejos de alegria, que nunca vi tão puramente intelectuais, ao discutir assuntos que julga, de início, insolúveis em sua própria essência.

De minha parte, simplifico o que já tive de inquietações teóricas, e cada vez mais me inclino para os autores que, como Orwell, Camus, Sartre, Raymond Aron, Mauriac, Julien Benda, enfrentaram o touro a unha nas contendas dificílimas de seu século. Pudera eu ter coragem para tanto. Vejo em Otavio Frias Filho a vocação para esse papel – que sua carta aberta ao presidente Collor, reproduzida no final deste volume, atesta belamente. O fato é que, por bem ou por mal, o exercício desse papel vai se tornando raro no Brasil contemporâneo, tomado dessa demissão da História que nos toca a todos, a não ser que sejamos fanáticos. Os ensaios de Otavio Frias Filho mostram, sem dúvida, que não há muita esperança pela frente. Não acredito nisso – até por ter meus traços de pessimismo – mas espero que ensaios como estes continuem a existir.

ÍNDICE DE NOMES E OBRAS

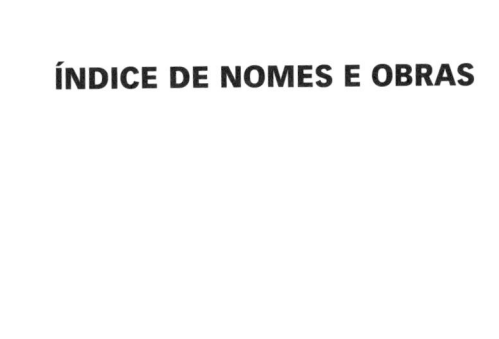

1984 **140, 161**
2001 **8**

Abramo, Cláudio **138**
Achatador de Salários, O **121**
Álbum de Família **128**
Alencar, José de **103**
Alice no País das Maravilhas **22**
Alien **7, 9, 200**
Aliens **7**
Almeida Prado, Décio de **101-106**
Altman, Robert **37**
Andrade, Mário de **105**
Andrade, Oswald de **75, 105**
Angústia de Influência **50n**
Anjo Negro **128**
Antigo Regime e a Revolução, O **143, 145**
Antimemórias **140**
Anti-Nelson Rodrigues **135**
Antunes Filho, José Alves **59**
Apocalypse Now **37-38, 40, 42-44, 47**
Aristófanes **133**
Aron, Raymond **209**
Artaud, Antonin **66**
Atahualpa, **202**
Auerbach, Erich **92**
Auto da Compadecida **55-56**
Axelrod, Robert **181**
Azevedo, Arthur **103**

Bakhtin, Mikhail **79**
Bandeira, Manuel **128**
Barrie, James Matthew **23**
Barthes, Roland **209**
Becker, Cacilda **104**
Beckett, Samuel **52, 58**
Beijo no Asfalto, O **129**
Bela Adormecida, A **22-23**
Benda, Julien **209**
Bergson, Henri **119**
Berlin, Isaiah **34**
Bernstein, Carl **152-153, 157-158, 160**
Bettelheim, Bruno **69**
Blade Runner **9-10, 200**
Bloom, Harold **50-51**
Boca de Ouro **130**
Bonaparte, Napoleão **30-35, 145**
Bonitinha, mas Ordinária **135**
Borges, Jorge Luis **199**
Bradlee, Benjamin **158**
Brando, Marlon **40**
Brecht, Bertolt **53, 105, 117-121**
Broich, Margarita **125-126**
Brustein, Robert **58n**
Buffon, Georges-Louis Leclerc **66**
Burton, Tim **63-64, 148, 150, 204**
Bush, George W. **160, 208**
Byron, George Gordon, lorde **68**

ÍNDICE DE NOMES E OBRAS

Cabala e Crítica 50n
Calbucci, Claudia 126
Cameron, James 7, 8
Camus, Albert 123, 209
Candido, Antonio 102-103
Cardoso, Fernando Henrique 88-89
Carlos 1°, rei 98
Carral, d. Manuel Parrado 194-196
Carroll, Lewis 22, 25, 85
Cartuxa de Parma, A 34, 206
Casablanca 33
Castro, Ruy 128
Catarina de Aragão 98
Cavalheiro, Edgard 76
Chapeuzinho Vermelho 59
Chaplin, Charles 119
Charlie and the Chocolate Factory 148
Chave do Tamanho, A 82-83
Cidadão Kane 7, 9-10, 12, 31, 63-66, 131, 205
Cimino, Michael 41
Coleridge, Samuel Taylor 52
Collor de Mello, Fernando 86, 89, 202, 207, 209
Coming Home (Amargo Regresso) 37
Comte, Auguste 166
Condorcet, Marie Jean Antoine Nicolas de Carita, marquês de 165, 168
Conrad, Joseph 8, 44
Consciência de Zeno 93
Coppola, Carmine 31
Coppola, Francis Ford 18, 27, 37, 42-44, 47, 200
Corrêa, Paula da Cunha 97
Crane, Stephen 44
Crime e Castigo 111
Cromwell, Oliver 32, 98

Cunha Rêgo, André 139
Cunha Rêgo, Ivonne 139-140
Cunha Rêgo, Vic 139
Cunha Rêgo, Victor 136-142, 198, 202
Curtiz, Michael 33

Da Vinci, Leonardo 30
Dahl, Roald 148-151
Darwin, Charles Robert 164, 167-175, 181, 188, 208
Darwin, Erasmus 10, 167
Dawkins, Richard 176-177, 179-181, 184, 187
De Mille, Cecil B. 65
De Volta Para o Futuro (Back to the Future) 19
Deer Hunter, The (O Franco-Atirador) 41-42, 44
Democracia na América, A 143-144
Demônios, Os 111
Depp, Johnny 150
Descendência do Homem e a Seleção Sexual, A 172
Diana, princesa 71, 74
Dickens, Charles 114
Dobzhansky, Theodosius 175-176
Don Quixote 65
Doroteia 128
Dostoiévski, Fiódor 79, 111-115, 133-134

Ed Wood 63-66, 204-205
Edison, Thomas 149
Einsenstein, Sergei 40
Einstein on the Beach 125
Einstein, Albert 21, 53
Eletra Enlutada 129
Eliot, T.S. 107
Ellis, Lee 188

Ellsberg, Daniel 156-157
Emília no País da Gramática 82
Ensaio Sobre o Princípio da População 168
Esopo 78
Ésquilo 122, 129
Estrangeiro, O 93, 123
Eurípides 94, 120, 122
Exterminador do Futuro, O 8

Falecida, A 128-129, 131-132
Fantástica Fábrica de Chocolate, A 148
Felt, Mark 158-159
Ferreira, Procópio 104
Filoctetes 116, 118, 121-123
Fisher, R. A. 175-177, 188
Flaubert, Gustave 66
Fleury Filho, Luiz Antônio 89
Ford, Gerald 154
Ford, Harrison 9
Ford, Henry 84, 149
Freud, Sigmund 15, 109-110, 114, 129
Freyre, Gilberto 79, 133
Frias, Elvira 195
Frias, Luís 194
Frias, Maria Cristina 194
Frias, Maria Helena 194
Frias Filho, Otavio 198-209
Frias de Oliveira, Dagmar 194
Frias de Oliveira, Octavio 139-140, 194
Frish, Max 53n
Fukuyama, Francis 203
Full Metal Jacket (Nascido Para Matar) 38, 40, 46
Furacão na Botocúndia 76, 80

Gance, Abel 31-35, 205
Garcia dos Santos, Laymert 116n

Gardens of Stone (Jardins de Pedra) 37, 41, 44, 47
Gene Egoísta, O 176
Gide, André 112
Glass, Philip 125
Glen or Glenda? 64-65
Godard, Jean-Luc 68
Goethe, Johann Wolfgang von 30
Goldman, William 157
Goldstein, Emmanuel 161-163
Gomes Machado, Lourival 102
Gonçalves, Vasco dos Santos 140
Gonçalves Dias, Antônio 103
Gorbatchov, Mikhail 120
Graham, Katharine 158
Gramsci, Antonio 201
Grande Sertão: Veredas 103
Gray III, L. Patrick 159
Green Berets, The (Os Boinas-Verdes) 37-39, 41, 43
Grimm, irmãos 54
Guarnieri, Gianfrancesco 104
Guerra e Paz 96
Guerra Sem Batalha – Uma Vida Entre Duas Ditaduras 123
Guimarães, Ulysses 88

Haldane, J. B. S. 175-176, 188
Haldeman, H. R. 154, 159
Hamilton, W. D. 176, 178, 187
Hamlet 107-110, 206
Heart of Darkness (Coração das Trevas) 44
Hearts and Minds (Corações e Mentes) 38, 40-41
Henrique 8º, rei 98-99
Hering, família 125-126
Hershey, Milton S. 149
Hesse, Hermann 140

ÍNDICE DE NOMES E OBRAS

História Concisa do Teatro Brasileiro (1570-1908) **101**
Hitler, Adolf **30, 33**
Ho Chi Minh **36, 47**
Hobbes, Thomas **184**
Hoffman, Dustin **157**
Hollywood's Vietnam (From The Green Berets to Apocalypse Now) **37**
Homem Que Amava as Mulheres, O **70**
Homem e Super-Homem **68**
Homero **49, 57, 91-93, 96, 122**
Hooker, Joseph **171**
Hoover, J. Edgar **158-159**
Horácio **118**
Huxley, T. H. **169-170, 173**

Idiota, O **111**
Ilíada **91-96**
Irmãos Karamázov, Os **111**

Jackson, Michael **150**
Jameson, Fredric **208**
Jenkin, Fleeming **173**
Johannsen, Wilhelm **186**
Johnson, Paul **156**
Jukovski, V. A. **107**

Kafka, Franz **58**
Kazan, Elia **37**
Kerenski, Alexander **117**
Kierkegaard, Søren **67**
Kipling, Rudyard **195**
Kubrick, Stanley **8, 37, 46-47**
Kubitschek, Juscelino **89**
Kutuzóv, Mikhail **34**

La Fontaine, Jean de **78**
Lamarck, Jean-Baptiste **167**

Larbaud, Valery **202-203**
Lembranças de 1848 **143**
Lênin, Vladimir Ilitch **34, 163**
Lévi-Strauss, Claude **209**
Little White Bird, The **25**
Locke, John **184**
Lorenz, Konrad **180, 188**
Lorrain, Claude **121**
Loyola, Vera **87**
Lugosi, Bela **64**
Lula da Silva, Luiz Inácio **89, 202**
Lyell, Charles **168-171**
Lynch, David **18**

M.A.S.H. **37**
Macbeth **107, 125**
Macunaíma **105, 132**
Madonna [Louise Veronica Ciccone] **72**
Magaldi, Sábato **57, 129**
Mágico de Oz, O (The Wizard of Oz) **22**
Maiakóvski, Wladimir **53**
Maistre, Joseph de **34, 141**
Malfatti, Anita **75**
Malraux, André **140**
Malthus, Thomas **163, 168-169, 171**
Mapa da Desleitura, Um **50n**
Marañon, Gregorio **67**
Marat, Jean-Paul **34**
Marcial [Marcus Valerius Martialis] **198**
Marini, Rui Mauro **88**
Martinez Corrêa, José Celso **105**
Martins Pena, Luís Carlos **103**
Marx, Karl **34, 163, 166, 201, 208**
Matthau, Walter **24**
Mauriac, François **209**
Mauser **118**
McGovern, George **154**

Memórias de Emília **79**
Memórias de um Sargento de Milícias **132**
Memórias do Subsolo **111, 113**
Mendel, Gregor **174-175**
Meninas, As **13, 204**
Mesquita, família **137**
Metamorfose **93**
Michels, Robert **163**
Milton, John **98-100**
Molière [Jean-Baptiste Poquelin] **68, 133**
Molina, Tirso de **67**
Montanha Mágica, A **139**
Monteiro Lobato, José Bento Renato **75-76, 83**
Montoro, Franco **88**
Mosca, Gaetano **162**
Mozart, Wolfgang Amadeus **50, 67**
Müller, Heiner **116-127**
Murdock, George P. **183**

Nabokov, Vladimir **112-113**
Napoléon **30-35, 205**
Nestrovski, Arthur **50**
Neves, Tancredo **88-89, 202**
Newton, Isaac **73**
Niemeyer, Oscar **125**
Nietzsche, Friedrich **49, 81, 84, 92, 166**
Nixon, Richard **152-160**

O'Neill, Eugene **129**
Obras Incompletas **49**
Odisseia **91-92, 95**
Orange, Guilherme de **99**
Oréstia **129**
Origem das Espécies, A **172, 174**
Orwell, George **140, 161-162, 209**
Otelo **107**

Pakula, Alan J. **157**
Paley, William **167**
Palma, Brian de **37**
Panteras Negras, grupo revolucionário **188**
Pareto, Vilfredo **162**
Peggy Sue, Seu Passado a Espera (Peggy Sue Got Married) **18-19, 21-23, 26-27, 200**
Peter Pan **23-24**
Pinter, Harold **52**
Piratas (Pirates) **24**
Plan 9 From Outer Space (Plano 9 do Espaço Sideral) **65**
Platoon **38, 40, 42, 44-46**
Poesia e Repressão **50n**
Polanski, Roman **24**
Powell, Mary **98**
Presidente Negro, O **83**
Príncipe, O **140**
Princípios da Geologia **168**

Quadros, Jânio **89**
Quércia, Orestes **89**
Queda Livre **202**
Quételet, Adolphe **166**

Racine, Jean **51**
Rangel, Godofredo **77**
Rashomon **131**
Ratinho [Carlos Roberto Massa] **87**
Red Badge of Courage, The (O Emblema Rubro da Coragem) **44**
Redford, Robert **157**
Reforma da Natureza, A **82**
Renaux, Marcos **125-126**
Repatriada **122**
Resgate do Soldado Ryan, O **92**

Robespierre, Maximilien de 32-33
Rodrigues, Miguel Urbano 138
Rodrigues, Nelson 56-57, 104, 128-130, 132-135
Röhrig, Christine 126
Rousseau, Jean-Jacques 33, 114-115, 147, 184

Sá Carneiro, Mário de 136
Salazar, António de Oliveira 137
Salles Gomes, Paulo Emílio 102-103
Saraiva de Carvalho, Otelo 140
Sarney, José 117, 192
Sartre, Jean-Paul 209
Schnaiderman, Boris 111
Schopenhauer, Arthur 81
Scott, Ridley 9-12, 18, 200
Sebastian, J.F. 11
Selvagem da Motocicleta, O (Rumble Fish) 18
Senhora dos Afogados 128-129, 134
Seres, Coisas, Lugares 106
Serpente, A 135
Shakespeare, William 57, 107, 182, 206
Shaw, Bernard 58, 68
Sheen, Charlie 37
Sheen, Martin 37
Shelley, Mary 8, 10, 12
Sidarta 140
Simmel, Georg 121, 127
Simons, Howard 158
Sirica, John 154
Smith, J. Maynard 176, 185, 188
Soares, Mário 136
Sobre a Natureza Humana 185
Sófocles 120, 122-123
Spencer, Herbert 81, 173
Spielberg, Steven 19, 22, 54, 92

Spinoza, Baruch 30
Stálin, Josef 124, 161
Stanislávski, Constantin 58
State of Denial 160
Stendhal, Marie Henry Beyle 34, 206-207
Stevens, Wallace 61
Stone, Oliver 44-45
Streamers (O Exército Inútil) 37
Suassuna, Ariano 55

Tchekov, Anton 58
Tempestade, A 182
Tennyson, Alfred 173
Teoria e Prática do Coletivismo Oligárquico 161
Thomas, Gerald 59
Tito, Josip Broz, general 138
Tocqueville, Alexis de 84, 143-147, 152
Todos os Homens do Presidente (All the President's Men) 157
Tolstói, Léon 34, 96, 107
Torres de Oliveira, Luiz 195
Tragédia de Hamlet, Príncipe da Dinamarca, A 108n
Trivers, Robert L. 176, 179-180, 188
Trótski, Leon 34, 161, 163
Truffaut, François 67-70
Turner, Kathleen 18-19
Tutankaton 203

Valsa nº 6 128
Vargas, Getúlio Dorneles 89
Velázquez, Diego 13, 204
Veludo Azul (Blue Velvet) 18
Vermelho e o Negro, O 207
Vestido de Noiva 128
Vida de Galileu 53, 120

Vigotski, Lev Semenovitch **107-110, 206**
Virgílio **51**
Vitória, rainha **172**
Viúva, Porém Honesta **134**
Voltaire [François-Marie Arouet] **107, 147**

Wallace, Alfred Russell **61, 171, 181, 188**
Wayne, John **38-40**
Weaver, Sigourney **7**
Weismann, August **186**
Weles, Antonio **51n**

Welles, Orson **31, 63-65**
Westermarck, Edward **183-184**
Wilder, Gene **148**
Williams, G. C. **176**
Williams, Tennessee **105**
Wilson, Bob **125**
Wilson, Edward O. **181-185**
Wood Jr., Edward D. **63-66**
Woodward, Bob **152-153, 157-160**

Zemeckis, Robert **19**
Ziembinsky, Zigbniew Marian **128**

AGRADECIMENTOS

O autor agradece aos seguintes editores, que encomendaram e/ou publicaram versões originais de textos reunidos neste volume: Adriano Schwartz, Alcino Leite Neto, Amir Labaki, Arthur Nestrovski, Augusto Massi, Bernardo Carvalho, Fernando de Barros e Silva, Laymert Garcia dos Santos, Luciano Trigo, Marcos Flamínio Peres, Mario Sergio Conti, Nelson Ascher, Rafael Cariello, Rodrigo Naves e Vasco Rosa.

SOBRE O AUTOR

Otavio Frias Filho nasceu em São Paulo em 1957. Fez os estudos secundários no Colégio Santo Américo, de monges beneditinos. Entre 1975 e 1983, estudou Direito e Ciências Sociais na Universidade de São Paulo. Assessorou seu pai, Octavio Frias de Oliveira, e o jornalista Cláudio Abramo, na *Folha de S.Paulo*. É responsável pela direção editorial do jornal desde 1984. Publicou uma coletânea de textos jornalísticos em 2000 – *De Ponta-Cabeça* (Editora 34) –, extraídos da coluna semanal que manteve na Página Dois da *Folha* entre 1994 e 2004. É autor de um volume de peças teatrais, *Tutankaton* (Iluminuras, 1991). Teve quatro de suas peças encenadas: *Típico Romântico* (1992), *Rancor* (1993), *Don Juan* (1995) e *Sonho de Núpcias* (2002). Publicou em 2003 *Queda Livre* (Companhia das Letras), livro de ensaios que condensa reportagem, autobiografia e observação antropológica.

Impresso em maio de 2009 pela Corprint
sobre papel chamois fine dunas 80 g/m².